MYSTÈRES HISTORIQUES

La vérité derrière les événements et les conspirations les plus déroutants du monde - Des histoires époustouflantes sur quatre mystères et théories de conspiration de l'histoire !

Jean Martin

TABLE DES MATIÈRES

LE MEURTRE D'ESCOVEDO

'Mn'importe quel homme peut faire remonter sa chute à un meurtre, auquel, peut-être, il ne pensait pas assez à l'époque", écrit De Quincey. Ce commentaire fait surtout référence à Philippe II d'Espagne, à son secrétaire, Antonio Perez, à l'intendant de Perez, à son page et à plusieurs ruffians professionnels. Du roi à son gaillard, tous ont été impliqués dans l'assassinat de Juan de Escovedo, le secrétaire du célèbre frère naturel de Philippe, Don Jean d'Autriche. Tous, à des degrés divers, avaient de profondes raisons de regretter un acte qui semblait être un événement politique de routine à l'époque.

Le mystère dans le cas d'Escovedo n'est ni la méthode de sa disparition ni l'identité de ses assassins. Ces faits sont largement connus ; les identités des responsables, du roi au bravo, sont connues. Cependant, l'obscurité cache les motivations de l'action. Pourquoi Escovedo a-t-il été exécuté ? Le roi l'a-t-il assassiné pour des motifs purement politiques, qui étaient insuffisants à l'origine mais qui ont été gonflés par la fantaisie royale suspecte ? Ou bien le secrétaire de Philippe II et le monarque espagnol étaient-ils concurrents pour l'amour d'une veuve borgne de haut rang ? Et le secrétaire, Perez, a-t-il persuadé Philippe d'ordonner le meurtre d'Escovedo parce qu'Escovedo menaçait de divulguer leur complot au roi ? Avec des degrés divers d'accord, Sir William Stirling-Maxwell et Monsieur Mignet ont accepté cette interprétation. Monsieur Froude, en revanche, pense que

Philippe a agi pour des motifs politiques et avec le plein consentement de sa conscience mal informée. Selon M. Froude, il n'y avait pas de femme comme motivation dans l'affaire. Une troisième possibilité est que Philip voulait tuer Escovedo pour des raisons politiques, sans tenir compte de l'affection sensible. Toujours est-il que Philippe s'est montré hésitant et indécis, tandis que Perez, qui craignait l'implication d'Escovedo dans son histoire d'amour, a poussé son maître royal à commettre le crime qu'il évitait. Nous ne saurons peut-être jamais toute la vérité, mais nous pouvons étudier un état de la moralité et des manières à Madrid qui fait passer les tragédies maladroites de Holyrood à l'époque de la reine Mary pour un jeu d'enfant. Face aux instruments de Philippe II, les "agneaux" de Bothwell sont vifs et compatissants.

Escovedo, l'homme assassiné, et Antonio Perez, le "premier tueur" de Shakespeare, avaient tous deux été formés au service de Ruy Gomez, le célèbre ministre de Philippe. Gomez avait une femme, Aa de Mendoza, qui, née en 1546, avait trente-deux ans, et non trente-huit (comme le prétend M. Mignet) quand Escovedo fut assassiné en 1578. Cependant, 1546 pourrait être une faute de frappe pour 1540. Elle était aveugle d'un œil en 1578, mais ses deux yeux étaient sans aucun doute brillants en 1567 lorsqu'elle semble avoir été la maîtresse de Philippe ou qu'elle était largement supposée l'être. Onze ans plus tard, au moment du meurtre, il n'y a aucune raison de croire que Philippe était encore sensible à ses charmes. Son mari, le prince d'Eboli, était mort en 1573 (ou, comme le dit M. Froude, en 1567) ; la princesse était maintenant veuve, et si elle choisissait de distinguer l'ancien secrétaire de son mari, à cette date le secrétaire du roi, Antonio Perez, il ne semble pas y avoir de raison de supposer que Philippe aurait été dérangé par cette affaire. L'opinion de M. Mignet sur la cause suffisante du meurtre d'Escovedo est qu'il aimait encore Aa avec une fidélité non royale, qu'elle aimait Perez, et qu'elle et Perez craignaient qu'Escovedo ne les trahisse auprès du roi. Mignet, en revanche, pense, et avec raison, que Philippe avait pris la décision, pour autant qu'il l'ait jamais fait, d'assassiner Escovedo bien avant que ce diplomate ne devienne un espion gênant pour les prétendus amants.

Pour élever les choses au niveau tragique de la Phdre d'Euripide, Perez était censé être le fils naturel de son défunt patron, Gomez, l'époux de son amant supposé. Perez n'était vraisemblablement rien de tel ; il était le bâtard d'un homme de son nom. Sa prétendue maîtresse, la veuve de Gomez, a peut-être même diffusé l'autre histoire pour établir que ses liens avec Perez, bien que personnels, étaient innocents. C'est un groupe de personnes charmantes !

Escovedo et Perez sont copains depuis leur enfance. Alors que Perez passe du service de Gomez à celui de Philippe, Escovedo est nommé secrétaire du noblement audacieux Don Jean d'Autriche en 1572. La Cour pensait qu'il devait être un espion de Don Jean, mais il succomba aux charmes de ce brave cœur et accepta volontiers, pour ne pas dire inspira, les desseins les plus audacieux du vainqueur de Lépante, l'épée

5

de la chrétienté. Cette situation était très inconfortable pour Philippe, qui ne prenait jamais le temps par le bout du nez, mais ruminait des projets et laissait passer les occasions. Don John, par contre, était tout à fait prêt à presser le jeu. Lorsqu'il fut envoyé pour tenter et concilier dans les Pays-Bas et retirer l'armée d'occupation espagnole, il prévoyait de transférer les hommes espagnols hors des Pays-Bas par voie d'eau. Une fois sur la mer bleue, il s'abattrait sur l'Angleterre, sauverait la prisonnière Marie Stuart, l'épouserait (il n'avait peur de rien !), rétablirait la foi catholique et prendrait la couronne d'Angleterre. Un plan solide, autorisé par le pape, mais qui ne correspond pas à l'esprit de Philippe. Il mit son pied de plomb sur le concept et sur plusieurs autres entreprises courageuses conçues dans la plus pure tradition d'Alexandre Dumas. Or, à qui Don John était dévoué, Escovedo était l'essence de tous ces plans chevaleresques, et Philippe le considérait par conséquent comme une personne très dangereuse.

Lorsque Don John se rendit pour la première fois dans les Pays-Bas, Escovedo était à Madrid (1576). Il persiste à presser Philippe d'adopter les ardentes suggestions de Don John, malgré les demandes de prudence d'Antonio Perez. Perez était le compagnon d'Escovedo en ce jour de 1576. Mais Escovedo ne se laissa pas conseiller ; au lieu de cela, il envoya une lettre agitée au roi, critiquant sa politique sans point (descosido), ses opérations dilatoires, traînantes et sans idéal. Selon le John of Austria de Sir William Stirling-Don Maxwell, "le terme employé par Escovedo était descosido, sans couture." Cependant, M. Froude affirme que Philippe a ensuite répété cette phrase à propos d'une autre lettre d'Escovedo, qu'il a également qualifiée de "lettre sanglante" (janvier 1578). Il est peu probable que M. Froude ait raison ici puisque la lettre de Philippe contenant ce terme dégoûtant a été écrite en juillet 1577.

Quoi qu'il en soit, Philippe fut persuadé d'ignorer l'erreur en 1576 par la plaidoirie de Perez, et Escovedo, dont Don John recherchait la présence, lui fut envoyé en décembre 1576. Don John et Escovedo ont commencé à écrire à leur ami Perez ce jour-là, et Perez les a séduits en montrant leurs lettres au roi. Tout comme Charles Ier avait chargé le duc de Hamilton d'espionner la noblesse covenante, en prétendant sympathiser avec elle et en parlant à sa manière, Philippe donna à Perez des instructions pour capturer Don John et Escovedo. Je ne veux pas d'autre théologie que la mienne pour me défendre", a fait remarquer Pérez, et Philippe a répondu : "Ma théologie a la même vision du problème que la vôtre".

Selon l'hypothèse de M. Mignet, à cette époque, 1577, Perez, bien qu'il soit un joueur et un prodigue qui accepte des cadeaux de toutes parts, ne devait rien avoir de pire que de servir Philippe comme il aimait être servi pour le tenir pleinement informé des ambitions de Don John. Selon M. Mignet, Escovedo n'était pas encore un obstacle aux amours de Perez et de la maîtresse du roi, la princesse Eboli. D'autre part, Sir William Stirling-Maxwell pense que le but de Perez était de détruire Don John ; Sir William admet qu'il ne sait pas pourquoi. D'autre part, Perez n'avait pas un tel but jusqu'à ce que Don John lui confie des initiatives subversives ou dangereuses pour le gouvernement de son seigneur, le Roi.

Don John, ou Escovedo, a-t-il confié à Perez des plans qui n'étaient pas seulement chevaleresques et peu pratiques, mais aussi traîtres ? Don John, en revanche, n'a rien fait de tel. Escovedo l'abandonna et se rendit en Espagne sans être convoqué, arrivant en juillet 1577. En son absence, Don John bat les protestants hollandais à la bataille de Gemblours le 31 janvier 1578. Il adresse ensuite une lettre à Escovedo et Perez à Madrid, pleine de dévotion chevaleresque. Il fera de Philippe le véritable seigneur des Pays-Bas, et il exhorte Escovedo et Perez à insuffler la détermination au roi. C'était impensable car Philippe n'aurait jamais pu vouloir assassiner Escovedo simplement parce qu'il avait plaidé pour l'aide à Don John. Pourtant, dès qu'Escovedo a annoncé son retour en Espagne en juillet 1577, Philippe a fait remarquer dans une lettre à Perez, "nous devons l'expédier avant qu'il ne nous tue". Il ne fait aucun doute que la lettre dans laquelle cette phrase apparaît est réelle, même si nous n'en avons qu'une copie. Cependant, la phrase, traduite de manière appropriée ? 'priest á despacherle antes que nos mate' (Escovedo) se traduit par 'nous devons être rapides et l'expédier avant qu'il ne nous tue'. M. Froude, qui est beaucoup plus gentil avec Philippe qu'avec Marie Stuart, recommande de traduire la ligne "nous devons expédier Escovedo promptement" (c'est-à-dire l'envoyer sur son chemin) par "avant qu'il ne nous fasse mourir de peur". M. Froude conteste ainsi que Philippe ait eu l'intention d'assassiner Escovedo en 1577. Si le roi a prononcé ces mots deux fois, c'est mauvais pour l'argument de Mr Froude et la réputation de Philippe. En mars 1578, il a écrit à Perez au sujet d'Escovedo, lui disant "d'agir vite avant nos mate-avant qu'il ne nous assassine". Du moins, c'est ce que Perez a dit, mais sa date est-elle correcte ? Perez a agi cette fois, et Escovedo a été massacré ! Si Perez est correct, Philippe voulait dire ce qu'il a dit en 1577 quand il a déclaré, "Envoyez-le avant qu'il ne nous assassine".

Pourquoi Philippe craignait-il autant Escovedo ? Nous ne disposons que des paroles publiques de Perez dans sa description de l'incident. Perez ajoute une allégation unique contre Escovedo après avoir expliqué les raisons fondamentales de la peur de Philippe envers Don John et les notions qu'un monarque très sceptique aurait entretenues, étant donné la nature aventureuse de son frère. Selon Perez, il s'est engagé à ce qu'après avoir conquis l'Angleterre, lui et Don John envahissent l'Espagne. Escovedo demanda la capitainerie d'un château perché sur une falaise surplombant le port de Santander ; il était l'alcalde de la ville. Lui et Don John avaient l'intention d'utiliser cette citadelle contre leur souverain comme Aramis et Fouquet avaient l'intention d'exploiter Belle Isle dans le livre de Dumas. En vérité, Escovedo avait demandé la direction de Mogro, le château contrôlant Santander, au printemps 1577, et Perez avait notifié à Philippe que le site devait être amélioré pour la sécurité du port, mais pas donné à Escovedo. L'allégeance de Don John n'aurait jamais pu imaginer l'utilisation de l'endroit comme place forte à tenir en cas d'assaut contre son roi. Mais, si Perez n'avait aucun ressentiment à l'égard d'Escovedo en 1577 comme étant nuisible à son amour supposé avec la princesse Eboli, alors le complot mortel de Philippe doit avoir jailli de la profonde méfiance de son tempérament, et non des incitations de Perez.

Escovedo arrive en Espagne en juillet 1577. Il ne fut tué que le 31 mars 1578, malgré de nombreuses tentatives d'assassinat quelques semaines auparavant. M. Mignet soutient que Philippe a tenu la main jusqu'au début du printemps 1578 parce que Perez a calmé ses craintes ; qu'Escovedo a alors menacé de révéler la liaison de Perez à son rival royal ; et que Perez, dans son intérêt privé, a maintenant changé de discours et, au lieu d'apaiser Philippe, l'a incité à commettre le crime. Mais Philippe était si léthargique qu'il ne pouvait même pas exécuter un meurtre avec une hâte raisonnable. Même à son avis, Escovedo n'était pas dangereux tant qu'il était séparé de Don John. Mais au fil des semaines, Don John a continué à exiger le retour d'Escovedo par lettre. Pour cette raison, peut-être, Philip a poussé sa bravoure jusqu'au point (littéralement) "d'achoppement", et Escovedo est devenu "coincé". D'autre part, le major Martin Hume affirme que les conditions avaient changé, et que Philippe n'avait aucune raison de tuer.

M. Mignet et Sir William Stirling-Maxwell, le biographe de Don John, ont des points de vue bien différents. Ils affirment qu'en 1578, la princesse Eboli était l'amante de Philippe, qu'elle l'a trompé avec Perez, qu'Escovedo a menacé de tout révéler et que Perez a ensuite assassiné Philippe. Si tel avait été le cas, Escovedo aurait-il toujours accepté les invitations à dîner de Perez ? Si Escovedo menaçait Perez, les deux hommes auraient été en très mauvais termes, et pourtant Escovedo a continué à dîner avec Perez. Là encore, l'approche de Perez aurait été d'envoyer Escovedo là où il voulait aller, en Flandre, loin de Don John. Il est probable, mais pas prouvé, que la princesse et Philippe étaient amants vers 1567. Cependant, il n'est pas très certain, et pas prouvé, que Philippe était toujours dévoué à cette femme en 1578. Les Mendozas, des parents de la princesse, ont maintenant l'intention d'assassiner Perez pour déshonorer leur héritage. Plus tard, au cours du procès de Perez, des preuves substantielles ont prouvé qu'il aimait la princesse ou qu'il était soupçonné de l'aimer, mais il n'est pas établi qu'il s'agissait d'une question qui préoccupait Philippe. Ainsi, il n'est pas impossible qu'Escovedo ait méprisé les relations de Perez et de la princesse, mais rien ne suggère qu'il aurait pu se mettre en danger en les révélant au roi. En outre, s'il avait dit ce qu'il pensait de cette affaire à Perez, les deux hommes n'auraient pas continué à entretenir des contacts des plus amicaux, comme ils semblaient l'avoir fait. Un écuyer de Pérez se souvient d'un scénario dans lequel Escovedo a menacé de condamner la princesse, mais comment l'écuyer est-il devenu témoin de l'épisode dans lequel la princesse a défié Escovedo avec une grande grossièreté ?

Quoi qu'il en soit, lorsque Philippe a contacté le marquis de Los Velez sur l'opportunité d'exécuter Escovedo plutôt que de le rendre à Don John, le marquis a été persuadé par des soupçons politiques ordinaires.

À l'époque, c'était une question de conscience de savoir si un roi pouvait faire tuer un sujet si les motivations royales, bien que substantielles, ne pouvaient être exposées en toute sécurité dans une cour de justice. Pour ces raisons, la reine Marie avait le pouvoir de détenir Darnley pour de bonnes raisons politiques qui ne pouvaient être rendues publiques ; pour des raisons internationales. D'autre part, Marie n'a pas consulté son confesseur, qui estimait qu'elle était innocente du meurtre de son mari. Le confesseur de Philippe l'informe que le roi a toute autorité pour envoyer Escovedo, et Philippe donne ses instructions à Perez. Selon Perez, il a réitéré ses commentaires de 1577 en 1578 : "Hâtez-vous avant qu'il ne nous assassine".

Dans cette affaire de conscience, l'autorité d'un roi pour infliger un meurtre à un sujet à des fins politiques, la pensée protestante semble avoir été indulgente. Lorsque les Ruthven sont assassinés le 5 août 1600 à Perth, dans le plus énigmatique de tous les mystères, le révérend Robert Bruce, un fervent presbytérien, refuse d'accepter que Jacques VI n'ait pas comploté leur mort. Mais votre Majesté pourrait avoir des motifs cachés", fit remarquer Bruce au roi, qui, bien entendu, maintint son innocence. Cela semble indiquer que M. Bruce, comme le confesseur de Philippe, croyait qu'un monarque avait le pouvoir de tuer un sujet à des fins étatiques cachées. Ce concept a été férocement condamné par l'Inquisition lorsqu'un prédicateur espagnol l'a soutenu, et pourtant Knox a approuvé le meurtre de Riccio par le roi Henry (Darnley). Sur cette question, je sympathise avec l'Inquisition.

Perez, qui avait été chargé d'organiser le crime, a délégué cette tâche à...

Martinez lui sert d'intendant. Martinez demande à un page à l'air rude, Enriquez, s'il connaît "quelqu'un dans ma nation" (Murcie) "qui enfoncerait un couteau dans une personne". "J'en parlerai à un muletier de ma connaissance", répondit Enriquez, "ce que je fis, et le muletier entreprit le travail". Cependant, lorsqu'Enriquez apprit qu'un homme d'importance était sur le point d'être poignardé, il avertit Perez qu'un muletier n'était pas assez noble et que le travail devait être confié à des individus plus respectables.

Enriquez a avoué en 1585 pour une raison légitime : Perez avait grossièrement mal géré l'entreprise. Toutes sortes d'individus ont été engagés, et après le meurtre, ils se sont enfuis et ont commencé à mourir d'une manière alarmante et régulière. Naturellement, Enriquez a supposé que Perez se comportait de la même manière que Mures d'Auchendrane, qui a envoyé une foule de témoins et de collaborateurs dans l'assassinat de Kennedy. Parce qu'ils avaient constamment besoin d'un nouveau complice pour assassiner le précédent, puis d'un autre pour massacrer le meurtrier, et ainsi de suite, les Mures auraient dépeuplé l'Écosse s'ils n'avaient pas été contrôlés. Enriquez a prédit que son heure de mourir serait proche, il a donc avoué, ce que Diego Martinez a confirmé. Ainsi, la vérité a été révélée, et les meurtriers devraient en prendre note.

Perez était résolu à empoisonner Escovedo pendant que le muletier faisait feu. Mais il n'avait aucune idée de comment s'y prendre. La science en était encore à ses balbutiements. Pour empoisonner un type en Écosse, il fallait dépendre d'une vulgaire sorcière ou envoyer un type en France, à un prix considérable, pour obtenir le poison, et le messager était découvert et torturé. La Cour d'Espagne n'était pas plus scientifique.

Martinez envoie Enriquez à Murcie pour récolter des plantes toxiques, qu'un pharmacien vénal distille. La toxine fut ensuite testée sur un oiseau de basse-cour, qui ne s'en sortit pas mieux. En revanche, Martinez a réussi à obtenir de l'eau spécifique qui était bonne à offrir en boisson". Perez a invité Escovedo à dîner, Enriquez s'est assis à table, et dans chaque coupe de vin qu'Escovedo buvait, il ajoutait "une coquille de noix de l'eau", de manière tout à fait homéopathique. Escovedo n'a pas été plus empoisonné que le coq de l'expérience précédente. Il a été déterminé que la boisson n'avait pas d'impact du tout.

Escovedo a dîné de nouveau avec le gentil Perez quelques jours plus tard. A cette occasion, ils lui offrirent de la poudre blanche dans un plat de crème, ainsi que l'eau empoisonnée dans son vin, considérant qu'il serait dommage de gaspiller ce breuvage. Malheureusement, cette fois, Escovedo était malade, et Enriquez a trompé un marmiton de la cuisine royale pour qu'il mette davantage de poudre dans un bol de soupe au domicile d'Escovedo. Pour cela, la malheureuse cuisinière qui avait préparé la soupe a été pendue sur la place publique de Madrid, sans excuses.

C'est que Philippe détruisait le moral de son peuple à un rythme alarmant ! Cependant, il est impossible de faire une omelette sans casser des œufs. Philippe a massacré la jeune fille dans sa cuisine comme s'il avait pris un fusil et l'avait abattue, pourtant le confesseur royal a sans doute déclaré que tout allait bien.

Malgré les ressources de la science espagnole, Escovedo continuait à vivre, et Perez jugea qu'il devait être abattu ou poignardé. Enriquez se rendit donc dans son pays d'origine à la recherche d'un assassin et "d'un stiletto à la lame très fine, bien meilleur qu'une arme de poing pour assassiner un type". Enriquez, pour conserver une bonne chose dans la famille, a enrôlé son frère ; et Martinez, d'Aragon, a apporté " deux types d'hommes appropriés ", Juan de Nera et Insausti, qui ont entrepris le devoir avec le scullion du roi. Perez se rendit à Alcala pour la Semaine Sainte, tout comme l'excellent régent Murray quitta Edimbourg après avoir prêché le matin du meurtre de Darnley. La devise de ces deux gentlemen était "Ayez un alibi".

Le soir du lundi de Pâques, les sous-fifres ont poursuivi Escovedo. Enriquez ne l'a pas croisé, mais Insausti a accompli sa tâche d'une seule poussée de manière habile. Le marmiton se précipite à Alcala et informe Perez, qui est "ravi".

Nous nous séparons de ce noble et dévoué serviteur et portons notre attention sur Don John. Lorsqu'il apprit la nouvelle de loin, il ne se fit aucune illusion sur le fait que les relations amoureuses étaient à l'origine du crime. "Dans une tristesse plus grande que je ne peux l'expliquer", il écrit à son frère malheureux, le roi. Il disait que le Roi avait perdu son meilleur serviteur, un "type sans les objectifs et l'habileté qui sont actuellement à la mode". " Je viens peut-être de me considérer comme la cause de sa mort ", le coup visait carrément Don John. Il s'est montré sincèrement préoccupé par la femme et les enfants d'Escovedo, qui sont morts appauvris parce que (contrairement à Perez) " il avait les mains propres ". Par l'amour de notre Seigneur, il supplie Philippe "d'exercer tous les soins imaginables pour déterminer d'où vient le coup et de le punir avec la sévérité qu'il mérite". Il réglera personnellement les factures les plus urgentes du défunt. (Beaumont, 20 avril 1578.)

Cette lettre a très probablement stupéfié le caït royal. Le 20 septembre, Don John adresse sa dernière lettre à son frère, exprimant son besoin d'une décision de votre Majesté. "Donnez-moi des instructions sur la façon de gérer les affaires ! Je ne répondrai pas", griffonne Philippe dans la marge. Don John, quant à lui, avait conclu sa lettre. "Nos vies sont en jeu, et tout ce que nous demandons, c'est de mourir avec honneur. Ce sont les dernières lignes de la célèbre lettre d'adieu de Montrose à Charles II : " avec d'autant plus d'alacrité et d'ardeur, je vais trouver ma mort. " Don John, comme Montrose, "a emporté la loyauté et l'honneur dans la tombe". Il meurt le 1er octobre, à la suite d'une longue maladie. Selon Brantôme, il fut empoisonné par le roi sur l'ordre de Perez, et le côté de sa poitrine était jaune et noir, comme brûlé et désagrégé au toucher. Lorsqu'un grand personnage mourait dans son lit, ces paroles étaient invariablement prononcées. Elles sont très probablement fausses, mais un roi qui peut tuer consciencieusement l'ami de son frère peut aussi tuer consciencieusement son frère et pour les mêmes raisons.

La princesse Eboli a indemnisé et protégé l'un des assassins d'Escovedo. Ils furent tous récompensés par des chaînes d'or, des coupes d'argent, une abondance d'écus d'or et des nominations dans l'armée ; tous furent transportés hors de la nation et certains commencèrent à mourir mystérieusement, ce qui, comme nous l'avons vu, effraya Enriquez pour qu'il se confesse (1585).

Perez a été immédiatement soupçonné. Il a passé un appel de sympathie au jeune Escovedo : il a parlé de l'histoire d'amour d'Escovedo en Flandre ; un conjoint lésé doit être le coupable ! Cependant, le scepticisme grandit. Perez protesta auprès du roi contre le fait d'être poursuivi, scruté et contre-interrogé par l'alcalde et son fils. Vasquez, un autre secrétaire royal, était un ami de la famille Escovedo. Ne sachant rien de la culpabilité du roi, et envieux de Perez, il continua à dire au roi que Perez était coupable : qu'il y avait une cour, découverte par Escovedo : qu'Escovedo était mort par amour pour une femme : que Philippe devait examiner l'affaire et mettre fin au scandale. La femme en question était, bien sûr, la princesse Eboli. Philippe ne se souciait plus d'elle, du moins pas pour le moment. Selon M. Froude, l'enquête de Don Gaspar Moro sur la princesse "a réfuté en profondeur la prétendue relation entre la princesse et Philippe II."

D'autre part, Philippe était profondément impliqué dans des litiges patrimoniaux contre la princesse, dont Vasquez s'occupait, tandis que Perez prenait naturellement parti pour la veuve de son bienfaiteur. Les lettres de Vasquez sur ces sujets se comptent par centaines. Entre-temps, il est parti et la famille Escovedo s'est enfuie, ne négligeant aucune piste pour prouver que Perez a tué Escovedo parce que ce dernier avait empêché la princesse de le séduire.

Philip a souvent juré de soutenir Perez. Mais l'affaire était en train d'être révélée, et si elle devait l'être, Philippe préférait que Vasquez poursuive Perez sur la mauvaise odeur, celle de la cour, plutôt que sur la bonne odeur, qui allait directement au trône et au misérable qui s'y asseyait. Aucune des deux approches, cependant, ne pouvait être très attrayante pour le roi.

Perez accepte d'être jugé même si aucune preuve n'a pu être trouvée contre lui. Ses co-conspirateurs étaient loin ; il serait pardonné, tout comme Bothwell avait été blanchi du meurtre de Darnley. Philip est incapable de faire face à la question. Il ordonne à Perez de consulter le président du Conseil, De Pazos, un évêque, et de tout lui raconter pendant que De Pazos console le petit Escovedo. L'évêque, un casuiste, dit au jeune Escovedo que Perez et la princesse sont "aussi innocents que moi". L'évêque n'est pas d'accord avec l'Inquisition, affirmant que Perez est innocent car il n'a fait qu'exécuter les ordres meurtriers du roi. Le jeune Escovedo s'enfuit, mais Vasquez persiste et, dans une lettre adressée au roi, la princesse Eboli qualifie Vasquez de "chien de chasse morisque". Philippe arrêta à la fois Perez et la Princesse, car Vasquez ne devait pas se laisser abattre ; son travail lié aux litiges était de poursuivre la Princesse, et Philippe ne pouvait pas informer Vasquez qu'il était sur la mauvaise voie. La dame fut rendue à ses terres, ce qui satisfit Vasquez, et Perez et lui furent tenus de maintenir la paix. Mais le soupçon planait sur Perez, et Philippe voulait qu'il en soit ainsi. Le secrétaire fut accusé de péculat, ayant accepté des pots-de-vin de toutes parts, et il fut condamné à d'énormes peines et à la prison (janvier 1585). Maintenant qu'Enriquez avait avoué, une sorte d'enquête secrète, dont les archives existent toujours, suivait son cours laborieux. Perez était détenu en résidence près d'une église. Il a sauté par une fenêtre et s'est précipité à l'intérieur de l'église, où la force civile a arraché les grilles, violé le caractère sacré, et découvert notre pote recroquevillé dans l'ouvrage en bois sous le toit, tout accroché à des festons de toiles d'araignée. L'Église condamne les juges, mais ceux-ci ont capturé Perez, et Philippe refuse de se soumettre aux tribunaux religieux. Perez, prisonnier, tenta de s'échapper avec l'aide d'un des tueurs d'Escovedo, qui resta inébranlable mais échoua, tandis que sa femme fut maltraitée pour le forcer à remettre toutes les lettres incriminant le roi. Il a cependant remis deux malles verrouillées remplies de documents. Mais son copain et intendant, Martinez, aurait choisi et caché les notes royales qui prouvaient la culpabilité de Philippe.

Le roi a supposé qu'il était désormais en sécurité et n'a pas pris la peine de vérifier si ses lettres compromettantes se trouvaient toujours dans les malles scellées ! À tout le moins, s'il savait qu'elles avaient disparu et que Perez pouvait apporter des preuves de sa culpabilité, il est difficile de comprendre pourquoi, avec de nombreuses incertitudes et hésitations, il a laissé la procédure secrète de meurtre contre Perez se poursuivre, après une longue pause, jusqu'en 1590. Vasquez contre-interrogea Perez à plusieurs reprises, mais il n'y avait toujours qu'un seul témoin contre lui : le vaurien Enriquez. Un seul était insuffisant.

Un nouveau pas a été franchi. Le confesseur royal a informé Perez que s'il révélait toute la vérité et reconnaissait publiquement qu'il avait agi selon les instructions royales, il serait sauf ! Lorsque Perez désobéit, Philippe émet une autre instruction (4 janvier 1590). Perez doit maintenant divulguer les raisons pour lesquelles le roi a ordonné l'assassinat. Si Philippe préparait un piège pour Perez, il ne l'attraperait que s'il ne pouvait pas produire les lettres incriminantes du roi, qu'il avait toujours. M. Froude prétend que Philippe a appris par son confesseur, et qu'il a appris par la femme de Perez, que les lettres étaient encore cachées et pouvaient être récupérées. Si c'était le cas, Perez serait en sécurité, mais la réputation du Roi serait ruinée.

Quels étaient les objectifs et la motivation de Philippe ? Va-t-il déclarer que les lettres sont des faux ? Aucune autre personne (à l'époque) n'a écrit avec une main aussi différente que la sienne ; c'était la pire au monde. Il devait avoir une échappatoire, sinon, il n'aurait pas fait pression sur Perez pour qu'il témoigne de son crime. Il avait une échappatoire, et Perez en était conscient, car sinon il aurait suivi les instructions, raconté toute l'histoire, et aurait été libéré. Il ne l'a pas fait. M. Froude pense qu'il ne croyait pas que le pouvoir royal serait suffisant pour satisfaire les juges. Mais ils ne pouvaient pas condamner Perez, simple complice de Philippe, sans condamner aussi le roi, ce que les juges ne pouvaient pas faire. Perez, je crois, aurait préféré tenter sa chance avec la sévérité des juges contre leur roi plutôt que de rejeter la demande du roi de tout avouer et donc de subir la torture. Il a fait face à la torture, ce qui suggère qu'il savait que Philippe pourrait, d'une certaine manière, éviter la terrible preuve de ses lettres. Selon le major Martin Hume, l'échappatoire de Philippe était que si Perez révélait les motifs du roi pour ordonner le meurtre, ils paraîtraient dépassés à l'heure du crime. Pedro serait le seul responsable. En tout cas, il a été torturé.

Comme la plupart des individus dans sa situation, il a sous-estimé sa capacité à supporter la douleur. Il n'avait pas l'endurance du jeune assassin d'Auchendrane, Mitchell, ou du courageux jacobite Nevile Payne, torturé presque à mort par les serviteurs du tyran néerlandais, Guillaume d'Orange. Tous ont enduré l'agonie et ont gardé leurs secrets cachés. Mais "huit coups de corde" ouvrent les lèvres de Perez, dont l'obstination ne lui avait causé que des difficultés considérables. Cependant, il ne présente pas les lettres de Philippe comme preuve, mais prétend qu'elles lui ont été confisquées. Cependant, le jour suivant, Diego Martinez, qui avait auparavant tout nié, se rendit compte que la partie était terminée et accepta la réalité de tout ce qu'Enriquez avait avoué en 1585.

Perez s'est enfui environ un mois après l'agression. Sa femme a été autorisée à le voir en prison. Elle avait été la plus forte, la plus courageuse et la plus dévouée des femmes. Si elle avait une quelconque raison d'envier la princesse, ce qui était loin d'être évident, elle avait pardonné à tout le monde. Elle était allée au bout du monde pour sauver son époux. Elle s'était jetée sur le confesseur du roi dans l'église dominicaine pendant la grand-messe, insistant pour que le prêtre refuse d'absoudre le roi tant qu'il n'aurait pas libéré Perez.

Admise dans la prison de son mari, elle exécuta le tour qui permit de sauver Lord Ogilvy de la cellule des Covenanters, ainsi que Argyle, Nithsdale et James M. Macgregor. Perez est sorti de prison en portant la robe de sa femme. On peut supposer que les gardes ont été soudoyés : la coopération est toujours présente dans ces situations. L'un des tueurs avait des chevaux au coin de la rue, et Perez, que le râtelier n'aurait pas pu blesser sérieusement, a parcouru trente miles et a passé la frontière aragonaise.

Nous ne sommes pas tenus de suivre ses exploits ultérieurs. La réticence des Aragonais à le livrer à la Castille et leur sauvetage de l'Inquisition leur firent perdre leur constitution, et environ soixante-dix d'entre eux furent brûlés comme hérétiques. Mais Perez a pu s'échapper. Il visita la France, où Henri IV se lia d'amitié avec lui, et l'Angleterre, où Bacon l'accueillit. Il publia ses Relaciones en 1594 (?) et informa le monde du récit de la conscience de Philippe. Bien sûr, on ne peut pas faire confiance à ce récit, et les lettres signées de Philippe concernant le meurtre d'Escovedo ont été perdues. Cependant, les copies de La Haye sont considérées comme légitimes, et les parties passionnantes sont marquées à l'encre rouge.

Si, après tout, Philippe avait obtenu toute la correspondance autographe et que Perez n'avait réussi à conserver que les copies actuellement à La Haye, on comprend pourquoi Perez n'a pas avoué le crime du roi : il n'avait que des copies de ses preuves à exhiber, et les copies n'ont aucune valeur comme preuve. D'un autre côté, cependant, Perez avait les lettres.

Perez le sanglant", comme l'appelait la mère de Bacon, meurt à Paris en novembre 1611, survivant au terrible seigneur qu'il avait si diligemment servi. La reine Elizabeth persuade Amyas Paulet d'assassiner Marie Stuart. Étant un homme d'honneur, Paulet décline l'offre ; il craint également qu'Elizabeth ne le laisse à la fureur des Écossais. Paulet aurait dû savoir que Philippe l'abandonnerait : sa stupidité fut récompensée par la prison, la torture et la confiscation, qui n'étaient guère plus que ce que l'homme méritait pour avoir trahi et assassiné le serviteur de Don Jean d'Autriche.

Note.-Lorsque j'ai écrit cet article, j'ignorais que le major Martin Hume avait abordé la question dans Transactions of the Royal Historical Society, 1894, pp. 71-107, et dans Espaoles é Ingleses, 1894, pp. 71-107. (1903). Cette dernière pièce reflète très certainement les dernières pensées du major Hume. Il a découvert plusieurs lettres contemporaines de Perez parmi les MSS. supplémentaires du British Museum (28 269), qui viennent s'ajouter aux copies d'autres lettres brûlées après la mort de Perez à La Haye. Sur la base de ces MSS. et d'autres sources inconnues de M. Froude et de M. Mignet (voir la deuxième édition de son Antonio Perez ; Paris, 1846), la thèse du major Hume Ceci eut lieu à la fin d'octobre ou au début de novembre 1577. L'instruction ne fut pas ensuite exécutée ; la raison de ce retard ne m'apparaît pas clairement. Les mois passèrent, et la mort d'Escovedo cessa d'être politiquement souhaitée dans de nouvelles circonstances, mais il devint une gêne importante pour Perez et son amante, la princesse Eboli. Philippe n'a jamais annulé le meurtre, mais

Perez, selon le major Hume, prétend à tort que le roi avait toujours l'intention de l'exécuter et qu'un autre chef avait été contacté et approuvé peu avant le crime. Cette impression est créée par l'habileté de Perez à manipuler les dates dans son récit. Lorsqu'il a tué Escovedo, il se battait pour sa main ; mais Philippe, qui n'avait jamais contremandé le crime, est resté indifférent jusqu'en 1582, lorsqu'il était au Portugal avec Alva. Le roi savait maintenant que Perez avait agi de façon abominable, qu'il avait empoisonné son esprit contre son frère Don Juan, qu'il avait divulgué des secrets d'État à la princesse Eboli et qu'il avait assassiné Escovedo, non pas en accord avec le décret royal, mais comme couverture pour sa vengeance. En conséquence, Philippe est sévère avec Perez, et sa dernière exigence est que Perez révèle les motivations royales de la destruction d'Escovedo. On découvrirait qu'elles étaient dépassées au moment où le crime a été commis, et Perez serait tenu pour responsable.

Si je comprends bien le major Hume, c'est son hypothèse. Cette théorie maintient le caractère moral de Philippe aussi sombre que jamais : il a ordonné un assassinat qu'il n'a même pas tenté d'annuler. Son confesseur peut l'acclamer, mais il a compris que les médecins de l'Inquisition, comme l'opinion générale du peuple, rejetaient le postulat selon lequel les gouvernants avaient l'autorité de condamner et de tuer, par la lame, ceux qui n'avaient pas été jugés en public.

LE MYSTÈRE DES K K POUR LE MYSTÈRE DES K POUR LE MYSTÈRE DES K POUR LE MYSTÈRE DES K POUR LE MYSTÈRE DES K

Ne question historique a rendu les Anglais plus perplexes que la nature des variations entre les nombreuses Kirk d'Écosse. Les Sudrons ont découvert que le fait de prier dans une église de l'Established Kirk ("The Auld Kirk"), de la Free Church ou de l'United Presbyterian Church (les U.P.'s) revenait au même. L'essence du service était la même. Cependant, l'assemblée se tenait debout lors des prières et s'asseyait lorsqu'elle chantait ; et se tenait debout lorsqu'elle chantait et s'agenouillait lors des prières à certains moments. Il n'y avait pas de liturgie spécifique dans aucune des Kirks. Je suis allé dans une Kirk libre qui n'avait pas de chaire ; le pasteur se tenait sur une plate-forme surélevée, comme un orateur dans une salle de conférence, mais cette pratique est inutile. Si je ne me trompe pas, les Kirks ont plusieurs recueils d'hymnes, qui étaient autrefois considérés comme des "choses de fabrication humaine", et donc "idolâtres". Cependant, les hymnes, ainsi que les orgues, les harmoniums et autres instruments de musique, sont maintenant utilisés. Par conséquent, les visages des Kirk sont similaires et fraternels :

Il n'existe pas de visage universel. Il n'y a pas d'exception, quel que soit le nombre d'esse fora décents.

Quelle est la différence entre l'Église libre, l'Église établie et l'Église presbytérienne unie, se demandait le Southron ? Si le Southron posait cette question à une connaissance écossaise, il y avait peu de chances que l'ami écossais y réponde. Il est peut-être membre de la communauté "épiscopale" d'Écosse, mais il est aussi peu instruit que n'importe quel anglican. Ou bien il n'a peut-être pas fait ces études importantes sur l'histoire de l'Écosse, qui éclairent ce sujet énigmatique.

En effet, la nature même de l'énigme s'est récemment transformée, un peu comme les couleurs d'un kaléidoscope. Les couleurs les plus marquantes ne sont plus " Auld Kirk ", " Free Kirk " et " U.P.'s ", mais " Auld Kirk ", " Free Kirk " et " United Free Kirk ". L'United Free Kirk a été formé en 1900 à partir des anciens 'United Presbyterians' (datant de 1847), avec une majorité écrasante de l'ancien Free Kirk, tandis que le Free Kirk d'aujourd'hui est composé d'une minorité minuscule de l'ancien Free Kirk. Ces derniers ont refusé de se joindre à la récente fusion. Le Free Kirk, familièrement appelé "The Wee Frees", dispose aujourd'hui des richesses de l'ancien Free Kirk avant de s'unir, en 1900, aux presbytériens unis. Grâce à un verdict, ils ont formé l'Église libre unie (on peut facilement appeler cela un "jugement") de la Chambre des Lords (1er août 1904). On s'attend à ce que le bon sens trouve une "porte de sortie" ou une issue à cette situation désagréable. Ceux qui sont un tant soit peu réceptifs au sentiment de déshonneur national se réjouissent de cette perspective ; ils ont été trop longtemps spectateurs de la lutte qui a séparé notre petit coin de chrétienté", a déclaré M. R.L. Stevenson, alors un sage de vingt-quatre ans, en 1874. Selon R.L.S., les schismes perpétuels de la Kirk présentent "quelque chose de pathétique pour l'homme chagrin, mais de douloureusement amusant pour les autres."

L'ironie de la situation actuelle est palpable. Environ la moitié des ministres du Kirk of Scotland ont déserté leurs manoirs et leurs beaux glebes il y a deux générations au nom de certains principes. Malheureusement, ils ont abandonné certaines de ces notions ou les ont laissées en suspens il y a quelques années, et par conséquent, ils ont perdu, ne serait-ce que pour le moment, leurs manoirs, leurs allocations, leurs collèges et leurs belles glèbes.

Pourquoi tout cela ? L'explication ne peut être trouvée que dans l'histoire de la Réforme écossaise, qui est à la fois triste et douloureusement hilarante. Lorsque John Knox mourut le 24 novembre 1572, un bon bourgmestre d'Édimbourg écrivit dans son journal : "John Knox, ministre, mourant, qui avait, comme on l'a dit, la plus grande part de responsabilité dans toutes les souffrances de l'Écosse, depuis le massacre de feu le cardinal Beaton, assassiné à Saint Andrews en 1546". Trois cent trente-deux ans se sont écoulés depuis sa mort, et les malheurs actuels de l'United Free Kirk sont le résultat direct, quoique lointain, de certaines des convictions de John Knox.

Tout le problème vient de ses idées inhabituelles concernant les relations entre l'Église et l'État et de ses adeptes. En 1843, la moitié des ministres de la Kirk établie en Écosse, si ce n'est plus, quittent la Kirk et partent dans le désert à la recherche de ce qu'ils considèrent comme l'idéal de Knox. Un exode similaire les attend en 1904, car ils ne sont plus des partisans inébranlables du même objectif ! Néanmoins, une petite minorité d'environ vingt-sept pasteurs s'en tient à l'idéal knoxien. Tout l'argent prodigué à la Free Kirk par de fervents mécènes au cours des soixante dernières années est récompensé par tout l'argent prodigué à la Free Kirk.

Pendant 344 ans (1560-1904), le combat a porté sur les liens entre l'Église et l'État, comme on le sait. Selon Lord Macnaghten, qui a offert l'un des deux points de vue en faveur de la revendication de l'United Free Kirk sur les biens détenus par la Free Kirk avant sa fusion avec les United Presbyterians en 1900, la rupture de 1843 s'est développée à la suite du retrait de la Free Kirk de l'Established Kirk. Selon le juge sympathique, il y avait deux groupes dans l'Église établie avant 1843 : les " modérés " et les " évangéliques " (également connus sous le nom de " The Wild Men ", " the Highland Host " ou " High Flyers "). Les évangéliques ont obtenu la majorité et ont gouverné d'une main de fer. Ils promulguèrent à l'Assemblée des lois qui dépassaient totalement le pouvoir d'une Église légalement fondée... L'État refuse de reconnaître leurs allégations. Le bras fort de la loi a limité leurs excès. Ils soutenaient toujours que leurs actions étaient autorisées et nécessaires par l'enseignement de la chefferie du Christ, à laquelle ils attribuaient une importance particulière et exceptionnelle."

Or, entre 1838 et 1843, l'État ne pouvait et ne voulait pas permettre ces " extravagances " dans une Église financée par l'État. En conséquence, le parti évangélique fit sécession, affirmant que "nous sommes toujours l'Église d'Écosse, la seule Église qui mérite ce nom, la seule Église qui peut être connue et reconnue par le maintien de ces principes auxquels l'Église de nos pères était fidèle lorsqu'elle était sur la montagne et dans les champs, lorsqu'elle était persécutée, lorsqu'elle était un paria."

Ainsi, l'Église libre était l'Église, tandis que l'Église établie était hérétique ou, comme Knox l'aurait dit, " un Laodicéen pourri ". L'Église d'Écosse était une Kirk établie par la loi (ou par ce que l'on disait être un Parlement légal) depuis août 1560, mais elle n'avait jamais, peut-être pendant une heure, atteint sa pleine relation idéale avec l'État ; elle n'avait jamais obtenu la totalité de ses revendications, mais seulement une part plus ou moins grande de celles-ci que la situation politique obligeait l'État à concéder, ou lui permettait de retirer. Il y a toujours eu des membres de la Kirk qui ont réclamé tout ce que la Free Kirk a exigé en 1843, mais ils n'ont jamais obtenu autant que ce qu'ils demandaient ; ils ont souvent reçu beaucoup moins que ce qu'ils désiraient, et aucun État ne pouvait fournir le montant total de leurs aspirations à une Église payée par l'État. Ce n'est qu'en séparant l'Église de l'État que l'on pouvait obtenir une indépendance totale. Les Free Kirk se sont séparés, mais ils ont maintenu qu'ils étaient l'Église d'Écosse et que l'État avait la responsabilité de les créer et de les soutenir tout en leur offrant une liberté totale.

En 1851, un Acte et une Déclaration de l'Assemblée du Free Kirk déclaraient : Elle maintient toujours, et par la grâce de Dieu maintiendra toujours, que le pouvoir civil doit reconnaître la vérité de Dieu selon Sa parole, et promouvoir et soutenir le Royaume du Christ sans assumer aucune juridiction sur lui, ni aucun pouvoir sur lui....".

Si nous pouvons parler charnellement, l'État devrait payer le joueur de cornemuse mais ne pas prétendre régler la musique.

Nous nous approchons maintenant du mystère : quelle était la différence entre le Free Kirk et les United Presbyterians, qui ont été fusionnés avec cette organisation depuis 1900 ? Le désaccord résidait dans le fait que le Free Kirk estimait qu'il incombait à l'État de la créer et de la laisser en toute indépendance. Or, les United Presbyterians soutenaient le point de vue diamétralement opposé : l'État ne peut et ne doit créer aucune Église ni financer aucune Église à partir des ressources nationales. Ainsi, lorsque les deux Kirk ont fusionné en 1900, la Free Kirk a soit abandonné la croyance au sujet de laquelle elle affirmait en 1851 qu'"elle la maintient encore et, par la grâce de Dieu, la maintiendra toujours", soit elle l'a considérée comme une simple opinion pieuse qui ne lui interdisait pas de rejoindre une Kirk aux principes opposés. La petite minorité - les Wee Frees, l'actuelle Free Kirk - n'acceptait pas ce compromis, " donc ces larmes ", pour cacher des désaccords sur une doctrine fondamentalement métaphysique.

Or, comme nous l'avons indiqué, le fondement de tous les problèmes, de tous les schismes et de toutes les peines de plus de trois siècles réside dans certaines des croyances de John Knox, et l'on peut se demander quel serait le Kirk John Knox s'il vivait aujourd'hui. Je crois que le vénérable réformateur se trouverait dans les rangs de l'Established Kirk, ou "l'Auld Kirk". Il ne serait pas parti dans le désert en 1843, et il aurait été en désaccord avec les idéaux des presbytériens unis. Cette notion peut paraître surprenante à première vue, mais elle a été élaborée après de nombreuses heures de réflexion.

Dans la mesure où il les a jamais raisonnées, les théories de Knox reposaient sur ce rocher inattaquable, à savoir que le calvinisme, tel qu'il le considérait, était défini dans tous ses détails. Si l'État, ou "le magistrat civil", comme il l'appelait, était d'accord avec Knox, Knox était ravi que l'État contrôle la religion. Comme c'était le cas pour John Knox, le magistrat devait abattre le catholicisme et les autres déviations de la vérité avec tous les outils possibles de la loi, y compris le châtiment physique, la prison, l'exil et la mort. Si l'État était prêt et disposé à accomplir tout cela, il devait être entièrement suivi dans les questions religieuses. L'autorité entre ses mains était donnée par Dieu - en réalité, l'État était l'élément séculier de l'Église. Dans cette vision idéalisée de l'État, Knox parle de l'allégeance religieuse du magistrat, dans le style de ce qu'on appellera le plus fort " érastianisme " de cette nation. L'État " dirige le rôti " en matière de religion et peut, comme Laud et Charles Ier l'ont tenté, modifier les modes de culte, mais seulement s'il est en parfait accord avec le Kirk.

Ainsi, sous Édouard VI, Knox aurait souhaité que l'autorité séculière d'Angleterre, le juge civil, interdise aux gens de s'agenouiller pendant l'exécution du sacrement. Cela relevait parfaitement de la compétence de l'État, simplement et uniquement parce que Knox ne voulait pas que les gens s'agenouillent. Cependant, lorsque le juge civil a insisté pour que les gens s'agenouillent en Écosse longtemps après la mort de Knox, les partisans des principes de Knox n'étaient pas d'accord sur le fait que le juge (Jacques VI.) avait la compétence de donner un tel ordre, et beaucoup ont refusé de suivre tout en restant dans l'Église établie. Ils n'ont pas "perturbé", comme l'a fait l'Église libre ; ils ont simplement fait ce qui leur plaisait et ont qualifié leurs frères loyaux de "pasteurs illégaux". En fin de compte, ils ont déclenché la guerre civile, avec la célèbre Jenny Geddes qui a tiré le premier coup de feu en lançant son tabouret sur le lecteur de St Giles. Ainsi, l'État ne devait être suivi en matière de religion que lorsque l'État répondait aux exigences de Kirk, et pas autrement. Lorsqu'il a été engagé comme "prédicateur agréé" et agent de l'État en Angleterre, Knox a accepté la liturgie de l'État comme il l'entendait ; lorsque le rituel exigeait que le peuple s'agenouille, Knox et sa congrégation de Berwick ont résisté. Lui et les autres prêtres royaux, prenant la parole devant le roi à Pâques, condamnèrent ses ministres, Northumberland et les autres, avec la même franchise. Dans son discours, Knox les appelle Judas, Shebna et autres méchants de la Bible. Plus tard, il s'est excusé d'avoir pris les choses à la légère ; il aurait dû s'adresser aux ministres par leur nom, et non faire une suggestion. Dans un sermon prononcé devant elle, on imagine mal un aumônier de sa défunte Majesté condamner le chancelier de l'Échiquier en le qualifiant de "Judas", remarque M. Gladstone. Néanmoins, Knox, prédicateur autorisé d'une Église d'État, s'est laissé aller à sa "liberté spirituelle" dans cette mesure et a eu honte de ne pas être allé plus loin.

S'il s'agit d'un "érastianisme", il est d'un genre particulier. L'opinion de Knox est que dans un État catholique, le dirigeant ne doit pas être suivi dans les questions religieuses par des croyants sincères ; Knox dit que le dirigeant catholique doit faire face à une "opposition passive". À d'autres moments, il devrait être assassiné à vue. Pendant dix-huit mois, il a exprimé ces nombreuses théories. Dans une nation protestante, les catholiques doivent suivre le monarque protestant sous peine d'être emprisonnés, exilés, brûlés et tués. Dans un État protestant, le monarque protestant doit être suivi dans les questions spirituelles par les protestants. Dans la mesure où Kirk approuve ses actions, ou même plus, en pratique, s'il n'y a aucune probabilité d'opposition effective.

S'il avait été en vie et s'il avait conservé ses anciens principes en 1843, nous pouvons supposer que Knox n'aurait pas quitté l'Église établie pour l'Église libre, car il a consenti à de nombreuses règles de l'État qu'il n'approuvait pas à l'époque. Par exemple, il n'approuvait pas les évêques, et la Kirk créée sur son modèle en 1560 n'avait pas d'évêques. Mais, douze ans plus tard, l'État réintroduit les évêques sous la figure du régent Morton, un ruffian, et Knox ne se retire pas dans "la montagne et les champs", mais fait les efforts les plus pratiques pour obtenir les meilleures conditions pour la Kirk. Il était âgé et épuisé, mais il resta dans la Kirk établie et ne conseilla à personne de la quitter.

Encore une fois, comme il s'agissait de l'Église libre, il était d'avis qu'il ne devait pas y avoir de " patronage ", ni de présentation de ministres à des cures par le patron. Les congrégations devaient choisir et "appeler" à leur guise toute personne qualifiée, comme c'est le cas aujourd'hui dans toutes les Kirks, y compris l'Église établie (depuis 1874). Cependant, tout au long de la vie de Knox, l'État a pris le pas sur la prérogative de l'Église. Archibald Douglas, le criminel le plus notoire de l'époque, fut donné à la Kirk de Glasgow. Les seigneurs firent de nombreux cadeaux similaires de cadets méchants et stupides à de prestigieuses demeures. Morton fit de l'un des assassins de Riccio un évêque ! Cependant, Knox ne prônait pas la sécession ; il suggérait plutôt que la non-résidence, une conduite scandaleuse ou une théologie erronée de la part de la personne soumise rende sa proposition "invalide et sans force ni effet, et cela doit se produire également dans la sélection des évêques". Par conséquent, Knox était parfois un peu opportuniste. S'il avait vécu en 1843, il serait resté dans l'Establishment et aurait fait pression pour éliminer le "patronage", ce qui a été réalisé de l'intérieur en 1874. Si cette théorie est correcte, le Free Kirk était plus Knoxien que John Knox et s'écartait de sa norme. Il était prêt à renoncer à une grande partie de son "indépendance spirituelle" plutôt que de se séparer de l'État. À plusieurs reprises, longtemps après sa mort, l'Église nationale, sous la contrainte, a accepté des concessions.

Knox comprenait la distinction entre l'idéal et la pratique. L'idéal était que tous les catholiques non convertibles "meurent de la mort". Mais cet idéal n'a jamais été réalisé parce que l'État n'était pas disposé à aider le Kirk à ce sujet. Il était parfait pour n'importe lequel des "frères", conscient d'une vocation et sentant une opportunité, de traiter un monarque catholique impénitent comme Jéhu a traité Jézabel. Cependant, si l'un des frères avait contacté Knox au sujet de la légalité de l'assassinat de la reine Marie en 1561-67, il aurait découvert son erreur. Il aurait descendu les marches du Réformateur bien plus vite qu'il ne les avait gravies.

Néanmoins, malgré sa volonté de compromis, Knox avait une conception merveilleusement mystique de la Kirk et de son clergé. Dans sa préface à The Judgment of the House of Lords, l'éditeur de The Free Church Union Case, M. Taylor Innes (lui-même auteur d'une biographie du réformateur), écrit : "L'Église d'Écosse, en tant qu'Église protestante, a vu le jour en 1560, car sa première Confession date d'août et sa première Assemblée de décembre de cette année-là". En réalité, la Confession a été reconnue et approuvée en tant que loi en août 1560 par une Convention juridique des États très peu solide. Mais Knox pensait que l'Église protestante d'Écosse, si ce n'est d'Écosse, existait un an avant ce jour et détenait l'autorité des "clés" et, semble-t-il, "le pouvoir de l'épée" avant ce jour. L'Église protestante était "une Église en existence" dès qu'un groupe local d'hommes de son opinion s'est réuni et a choisi un pasteur et un prédicateur qui administrait également les sacrements. L'Église catholique, qui avait été constituée par la loi à l'époque, n'était, selon Knox, pas une Église du tout ; ses prêtres n'étaient pas des "ministres légitimes", son pape était l'homme du péché d'office, et l'Église était "le kirk des malfaiteurs" - "une dame de plaisir élevée à Babylone".

D'un autre côté, la véritable Église - même si elle ne comptait que 200 hommes - défie le Kirk des malfaiteurs, et c'est la seule qui soit authentique. L'État n'a pas créé et ne peut pas défaire "l'Église de Trew", mais il est tenu de la construire, de la développer et de lui obéir.

De 1559 à 1690, cette clause finale a précipité 130 ans de violence, de "persécution" et de mécontentement général en Écosse. Pourquoi la Kirk passait-elle tant de temps "dans la bruyère", chassant comme une perdrix dans les champs et les montagnes ? Lorsque les esprits sauvages de la Kirk n'étaient pas persécutés, ils persécutaient l'État et tourmentaient le sujet individuel. Tout cela découlait de la conception que Knox avait de l'Église. Il suffit d'un petit groupe de protestants calvinistes et d'un "prédicateur légitime" pour former une Église. Au début, il ne fallait guère plus qu'un "appel" à un prédicateur de la part d'un groupe local de protestants calvinistes pour former un ministre valide (par la suite, il fallait beaucoup plus). Cependant, une fois que l'"appel" était accordé et accepté, l'idée était que le "ministre légitime" était supérieur aux règles de l'État, comme l'empereur légendaire l'était à la grammaire. Quelques "ministres légitimes" de ce type possédaient "le pouvoir des clés" ; ils pouvaient excommunier n'importe qui et le livrer à Satan, et (apparemment) ils pouvaient présenter "le pouvoir de l'épée" à n'importe quel conseil municipal, qui pouvait alors décréter la peine capitale contre tout prêtre catholique qui célébrait la messe, comme il était tenu de le faire par la loi de l'État. Les demandes modérées et équitables de Knox's Kirk en mai 1559, avant que la Convention des États ne la ratifie en août 1560. C'est parce que les esprits les plus sauvages parmi les pasteurs, plutôt que l'Église, persistaient dans ces affirmations que l'État, lorsqu'il en eut l'occasion, les chassa dans les landes et les mousses et en pendit un bon nombre.

Je n'ai jamais vu ces circonstances décrites complètement par aucun historien ou biographe de Knox, sauf par le réformateur lui-même, en partie dans son Histoire et en partie dans des lettres à une femme qu'il connaissait. L'énigme des Kirks tourne autour de la définition que Knox donne du "ministre légitime" et de sa prétention au pouvoir absolu.

Pour donner un exemple, Knox lui-même a été un " prêtre de l'autel ", " un type rasé de Baal ", entre 1540 et 1543. Il n'a ensuite rien revendiqué à ce sujet. Après l'assassinat du cardinal Beaton, les tueurs et leurs partisans ont formé une congrégation dans le château de St. Andrews et ont demandé à Knox d'être leur prédicateur. Il était désormais un "ministre légitime". En mai 1559, lui et quatre ou cinq pasteurs tout aussi légitimes, dont deux frères convertis, un boulanger et un tailleur, Harlow, s'associent à leurs partisans protestants pour brûler les monastères de Perth, ainsi que les autels et les décorations de l'église de cette ville. Ils revendiquent immédiatement l'autorité des "Clés" et menacent d'excommunier tous les amis qui ne les rejoignent pas dans les armes. La "confrérie" s'oppose également à la peine de mort pour tout prêtre qui dit la messe à Perth. Les ministres légitimes ne pouvaient plus envisager de pendre les prêtres eux-mêmes. Ils ont dû mettre "l'autorité de l'épée" sur les ventres et le conseil municipal de Perth, je crois, puisque la régente, Marie de Guise, a démis ces hommes de leurs fonctions lorsqu'elle a envahi la ville, ce qui a été considéré comme un geste illégal et perfide de sa part. Encore une fois, à l'été 1560, alors que le catholicisme était encore légal, les ventres d'Édimbourg ont condamné à la peine de mort les catholiques obstinés. La Kirk affecta également des pasteurs légitimes à certaines des plus grandes villes, s'établissant ainsi avant que les Estates ne la reconnaissent en août 1560. Rien ne pouvait être plus libre et absolu que la Kirk à ses débuts. D'autre part, même du vivant de Knox, l'État, qui avait le dessus sous le régent Morton, un homme fort, introduisit un type modifié de prélature et de patronage ; il ne restitua pas à la Kirk son "héritage", c'est-à-dire les terres de l'ancienne Église, et ne fit pendre qu'un seul prêtre, probablement pour une raison personnelle.

Ainsi, dès le début, il y eut un conflit entre l'Église protestante et l'État. À différents moments, un prédicateur aurait déclaré qu'il était le seul "ministre légitime" en Écosse ; l'une de ces personnes, M. Cargill, a excommunié Charles II, tandis qu'un autre, M. Renwick, a lancé une campagne d'assassinat contre le gouvernement. Les deux hommes ont été exécutés par pendaison.

Il s'agissait de revendications extrêmes d'indépendance spirituelle", et le Kirk, ou du moins la majorité des prédicateurs, s'opposait à un tel comportement, qui était peut-être l'extension logique de l'idée du "ministre légitime", mais qui était extrêmement inconfortable dans la pratique. Néanmoins, la Kirk dans son ensemble était dévouée.

Parfois, l'État, dirigé par un puissant chef comme Morton ou James Stewart, comte d'Arran (un ruffian pur et dur), écrasait les prétentions de l'Église. Parfois, comme lorsqu'Andrew Melville dirigeait le Kirk sous Jacques VI, elle affirmait qu'il n'y avait qu'un seul monarque en Écosse, le Christ, et que le véritable roi, le gamin Jacques VI, n'était rien de plus que "le vassal stupide du Christ". Dans les affaires terrestres, il était prépondérant, mais la judicature de l'Église était supérieure dans les choses spirituelles.

Cela semble tout à fait raisonnable, mais qui devait définir quelles choses étaient spirituelles et lesquelles étaient temporelles ? La Kirk revendiquait le pouvoir de déterminer cette question ; ainsi, elle pouvait spiritualiser toute question d'État, comme un mariage royal, le commerce avec l'Espagne catholique, que la Kirk interdisait, ou l'expulsion de pairs catholiques. Il y a un jugement au-dessus du vôtre, et c'est celui de Dieu ; remettez-le entre les mains des ministres, car nous jugerons les anges, dit l'apôtre", dit le révérend M. Pont à Jacques VI. Vous serez assis sur douze trônes et vous jugerez", dit M. Pont en parlant des apôtres et, par extension, des ministres.

En 1596, tout a basculé. Le roi demande aux fonctionnaires de la Kirk s'il peut faire revenir certains comtes qui ont été exilés pour être catholiques, à condition qu'ils satisfassent la Kirk'. Il ne le peut pas, selon la réponse. Knox a longtemps soutenu qu'"un prophète" pouvait enseigner la trahison (il est assez précis à ce sujet) et que le prophète, ainsi que quiconque mettait en œuvre son enseignement, serait innocent. À l'époque, un prédicateur était accusé de prêcher de manière calomnieuse, et il refusait d'être jugé par quelqu'un d'autre que ses pairs. Quelle cour d'appel pourrait annuler le jugement d'hommes qui font profession de "juger les anges" s'ils l'acquittent, comme ils en ont la garantie morale ? Une émeute éclata à Édimbourg, et le roi prit son temps, s'accrocha à ses orties, les autorités civiques le soutinrent et, en pratique, les exigences des vrais ministres ne posèrent plus guère de problèmes jusqu'à ce que la folie de Charles Ier conduise à l'établissement du Pacte. Le souverain avait outrepassé ses pouvoirs aussi outrageusement que la Kirk l'avait fait, et la conséquence fut que la Kirk, ayant maintenant la noblesse et le peuple en armes de son côté, fut complètement autocratique pendant environ douze ans. Son plus grand exploit a été de s'opposer avec succès aux Estates au Parlement, laissant l'Écosse exposée à l'occupation cromwellienne. Noll accomplit ce que les Plantagenêts et les Tudors n'avaient pas pu faire : il s'empara de l'Écosse après que le Kirk eut paralysé l'État. Les prédicateurs découvrirent que Cromwell était un parfait "Malin", refusant de permettre aux prophètes de prêcher la trahison ou même de laisser l'Assemblée générale se réunir. Ils pouvaient juger les anges mais pas les maréchaux-ferrants ; l'ex-communication et la "discipline de l'église" étaient mal vues, et les sorcières étaient rarement brûlées. Cromwell déclara que les prédicateurs " avaient fait leur devoir ", ayant déchargé leur verrou.

C'est alors qu'ils se divisent en deux factions : les extrémistes, qui se désignent eux-mêmes comme " les divins ", et les hommes aux dispositions plus douces.

Lors de la Restauration, Charles II aurait dû se ranger du côté du groupe le plus souple, dont certains étaient désireux de voir leurs féroces collègues exilés aux Orcades, hors du chemin. Mais le slogan de Charles était "Plus jamais ça". Il rétablit les évêques sans la liturgie méprisée par le biais d'une farce pétrifiante. Après des années de soulèvements et de répressions, les ministres sont contraints de se soumettre et reçoivent une "indulgence" de l'État. À la même époque, seuls quelques défenseurs des anciennes prétentions du clergé subsistaient dans les régions sauvages du sud-ouest de l'Écosse. Il peut y avoir trois ou quatre de ces ministres, ou un seul, mais ils, ou il, sont les seuls "ministres légitimes" aux yeux du "reste". Pendant la Révolution de 1688-89, le Remnant a refusé d'accepter l'accord qui a abouti au rétablissement du Kirk presbytérien. En 1847, les successeurs spirituels de la majorité d'entre eux ont fusionné en une seule organisation connue sous le nom de "The United Presbyterian Kirk". Les modérés étaient majoritaires dans l'Église établie jusque vers 1837, lorsque les héritiers des croyances sévères de Knox, que la majorité du clergé avait rejetées avant la Révolution de 1688, prirent le dessus. Ils avaient placé leurs sortes de ministres dans les paroisses les plus éloignées des Highlands, qui noyèrent les votes des modérés des Lowlands en 1838, tout comme les "modérés" des Highlands avaient noyé les votes des extrémistes des Lowlands sous James VI. En 1843, les extrémistes, ou la plupart d'entre eux, quittent le Kirk et forment le Free Kirk. Lorsque le Free Kirk rejoignit les Presbytériens unis en 1900, ce sont surtout les prédicateurs des Highlands qui refusèrent d'accepter la nouvelle union et qui composent aujourd'hui le véritable Free Kirk, ou Wee Frees, avec les dotations de l'ancien Free Kirk de 1843. On peut difficilement dire que ce sont des possesseurs de Beati.

On a montré, ou j'ai essayé, à tort ou à raison, de montrer que, aussi sauvages et impossibles qu'aient été les revendications de Knox, d'Andrew Melville, de M. Pont et d'autres, la vieille église écossaise de 1560, établie par la loi, était capable de renoncer à ces revendications ou de les supprimer, même sous Knox, et même pendant que le Pacte restait en vigueur. La majorité des ministres n'étaient pas irréconciliables après le retour de Charles II, avant la guerre de Worcester, avant le terrible Dunbar. Par continuité historique, le Auld Kirk, le Kirk établi, a quelque droit à s'appeler l'Église d'Écosse. En revanche, les prétendants opposés, les hommes de 1843, semblent descendre de gens comme le jeune Renwick, le dernier héros mort pour leurs idées, mais pas le seul " ministre légitime " entre Tweed et le cap Wrath. Autres temps, autres mœurs". Tous les Kirks sont parfaitement loyaux ; maintenant, personne ne persécute ; l'ingérence dans la vie privée, la "discipline du Kirk", est au plus bas ; et, si ce n'était de ce récent "parboil", comme le disent nos vieux auteurs, nous aurions pu dire que, malgré les différences de terminologie, tous les Kirks sont finalement unis dans la seule union qui vaille, celle de la paix et de la bonne volonté. Ce lien, espérons-le, peut être rétabli par la bonne humeur et la raison commune, des traits qui n'ont pas été jusqu'ici prépondérants dans l'histoire religieuse de l'Écosse ou de l'Angleterre.

LA CONSPIRATION DE GOWRIE

Tes événements bizarres connus sous le nom de "Conspiration de Gowrie" ou "Le massacre des Ruthven" se sont déroulés de la manière suivante, sur la base de preuves que personne ne nie. Le 5 août 1600, le roi Jacques VI quittait les écuries de la maison de Falkland pour tirer un cerf lorsque le maître de Ruthven arriva à cheval et posa une question au roi. Puis, vers sept heures du matin, quelque chose s'est produit. Le Maître avait dix-neuf ans et vivait avec son frère, le comte de Gowrie, qui avait vingt-deux ans, dans la maison de ville familiale à Perth, à quelque douze ou quatorze miles de Falkland. Après la conversation, le roi a poursuivi les chiens, et la poursuite "longue et douloureuse" a abouti à une mise à mort près de Falkland vers onze heures. Le roi et le maître se rendent alors à Perth, accompagnés d'une quinzaine de membres de l'escorte royale, dont le duc de Lennox et le comte de Mar. D'autres membres de la compagnie du Roi les rejoignent ; le nombre total pourrait n'être que de vingt-cinq.

Lorsqu'ils arrivèrent à Perth, il semblait qu'ils n'avaient pas été anticipés. Le comte ayant mangé à midi, le souper royal fut retardé jusqu'à deux heures, et après le maigre repas, le roi et le maître montèrent seuls à l'étage. En revanche, le comte de Gowrie entraîna Lennox et les autres dans son jardin situé à l'arrière de la maison, en bordure du Tay. Alors qu'ils mangeaient des cerises, un serviteur de Gowrie, Thomas Cranstoun (frère de Sir John de cet acabit), reçut la nouvelle que le Roi avait déjà monté et galopé à travers le Inch de Perth. Gowrie demanda des chevaux, mais Cranstoun l'informa que ses chevaux étaient à deux miles de là, à Scone, de l'autre côté de la Tay. Les gentlemen se rendent alors à l'entrée de la maison, où le gardien les informe que le Roi n'est pas parti. Gowrie lui a menti, est retourné dans la maison, est monté à l'étage, et est revenu pour persuader Lennox que James était parti. Tout cela est prouvé à la barre par Lennox, Mar, Lindores, et une foule d'autres témoins.

Alors que le groupe reste à l'extérieur de la porte, une fenêtre de la tour au-dessus d'eux s'ouvre et le Roi émerge, en colère, en criant "Trahison !" et en demandant de l'aide à Mar. Mar, ainsi que Lennox et la majorité des autres, se précipitent à la rescousse en montant l'escalier principal de la maison, où ils se heurtent à une porte fermée qu'ils ne peuvent ouvrir. Gowrie n'est pas parti avec ses invités pour aider le roi, mais il attend dans la rue, se demandant ce qui se passe. Lorsque deux membres de la maison du roi, Thomas et James Erskine, ont cherché à le capturer, la "trahison a été commise dans la maison même de Gowrie". Ses compagnons ont chassé les Erskine, et plusieurs Murray de Tullibardine qui étaient à Perth pour un mariage l'ont encerclé. Gowrie s'est enfui, a sorti une paire d'épées jumelles et s'est frayé un chemin dans la cour de sa maison, rejoint par Cranstoun et d'autres. Ils ont découvert le cadavre d'un homme étendu au pied d'un petit escalier sombre, blessé ou mort. Cranstoun s'est élancé dans la cage d'escalier faiblement éclairée, suivi de Gowrie, de deux Ruthvens, de Hew Moncrieff, de Patrick Eliot, et peut-être d'autres encore. Ils découvrirent Sir Thomas Erskine, un Dr Herries infirme, un jeune gentilhomme de la maison royale nommé John Ramsay, et Wilson, un serviteur, avec des épées dégainées au sommet du court escalier en spirale. Cranstoun a été blessé, et lui et ses camarades sont partis, abandonnant Gowrie, qui avait été transpercé par le corps de Ramsay. Pendant ce temps, l'autre porte de la longue salle des galeries résonnait des coups de marteau de Lennox et de son équipe, tandis que la cloche de la ville appelait les habitants. Erskine et Ramsay avaient maintenant fermé la porte s'ouvrant sur le petit escalier, que les serviteurs de Gowrie avaient frappé à la hache. Le parti du Roi força la serrure et fit entrer Lennox, Mar, et le reste de l'entourage du Roi en utilisant un panier qui leur fut livré par un trou dans l'autre porte de la galerie. Ils permirent à James de sortir par une minuscule tourelle s'ouvrant depuis la chambre de la galerie, et après quelques disputes avec la foule enragée et les magistrats de Perth, ils emmenèrent le Roi à Falkland à la nuit tombée.

La conséquence finale fut la mort de Gowrie et de son frère, le Maître (dont le cadavre fut retrouvé au bas du petit escalier), ainsi que de Ramsay, du Dr Herries et de plusieurs des serviteurs de Gowrie.

Le meurtre du Maître de Ruthven a été décrit comme suit : "Quand James a crié 'Trahison !' depuis la porte de l'écurie, le jeune Ramsay a entendu sa voix mais pas ses mots." Il s'est précipité dans le quadrilatère, a monté les marches étroites, a découvert une porte derrière laquelle on entendait un combat, a enfoncé la porte et a vu le roi se battre avec le maître. Derrière eux se tenait un type, le centre de l'énigme, auquel il ne prêta aucune attention. Au lieu de cela, il a tiré son épée, a coupé le Maître à travers le visage et le cou, et l'a poussé en bas. Ramsay fit immédiatement appel à Sir Thomas Erskine depuis la fenêtre, qui, avec Herries et Wilson, se précipita à son secours, assassina le Maître blessé, et emprisonna James (qui n'avait pas d'arme) dans la tourelle. Puis il y eut la bataille au cours de laquelle Gowrie trouva la mort. À l'exception d'un citadin qui se rétracta par la suite, personne ne revit l'homme mystérieux sur la tour.

Le tout était observé par les troupes du roi, les serviteurs de Gowrie et plusieurs civils de Perth. Il n'y avait aucune trace du plan ou du projet de Gowrie et de son parti. Ses partisans affirmèrent qu'il avait l'intention de quitter Perth ce jour-là pour le " Lothian ", c'est-à-dire pour son château de Dirleton, près de North Berwick, où il avait expédié la plupart de ses soldats et de ses vivres. Ils déclarent que James avait demandé au Maître de le rejoindre à Falkland, et que Gowrie ne s'était jamais attendu à ce que le Maître revienne avec le roi.

La version de James est donnée dans une lettre publique écrite à la dictée du roi à Falkland par David Moysie, un notaire, la nuit des événements, dont nous ne connaissons l'existence que par le rapport de Nicholson, le résident anglais à Holyrood (6 août). Nicholson ne fait que répéter ce qu'Elphinstone, le secrétaire, lui a dit sur le contenu de la lettre, écrite à la dictée du roi à Falkland par David Moysie, un notaire A la fin du mois d'août, James prépare et distribue un récit détaillé qui est presque similaire au récit de Nicholson sur la description d'Elphinstone sur le contenu de la lettre du 5 août à Falkland.

L'histoire du roi est largement crue jusqu'au moment où il s'entretient avec Alexander Ruthven à Falkland avant le début de la chasse au daim. Cet entretien a bien eu lieu, il a duré environ un quart d'heure, mais seul James a compris de quoi il s'agissait. Il affirme qu'après une obédience exceptionnellement basse, Ruthven lui a raconté l'histoire suivante : alors qu'il se promenait seul dans les prairies à l'extérieur de Perth la veille au soir, il a vu " un type de base, inconnu de lui, avec un manteau, drapé autour de ses lèvres ", une mesure standard pour empêcher l'identification. Lorsqu'on lui demande qui il est et quelle est sa mission "dans une région aussi solitaire et éloignée de tout", l'homme est déconcerté. Ruthven l'appréhende et découvre sous son bras "un grand et large pot, tout plein d'or monnayé en gros morceaux". Ruthven a transporté l'homme à Perth et l'a placé dans une " privy darned house " - c'est-à-dire une chambre - tout en gardant le secret pour lui. Il a quitté Perth à 4 heures du matin pour informer le roi, l'encourageant à "mettre de l'ordre" dans la situation immédiatement puisque Lord Gowrie n'était pas au courant. Lorsque James soutient que cela ne le concerne pas puisque l'or n'est pas un trésor, Ruthven le qualifie de " trop scrupuleux ", ajoutant que son frère, Gowrie, " et d'autres hommes importants ", pourraient intervenir. James s'enquit alors de l'argent et de son porteur, supposant

49

que l'or était étranger, introduit en contrebande par les Jésuites pour les insurgés catholiques. Ruthven a répondu que le porteur semblait être un "Écossais" inconnu jusqu'alors et que l'or semblait avoir été frappé à l'étranger. En conséquence, James était convaincu que l'or était étranger, et le porteur déguisé en prêtre écossais. En conséquence, il a recommandé de renvoyer avec Ruthven une provision de son propre chef, accompagnée d'un mandat à Gowrie, alors prévôt de Perth, et aux Bailies, pour saisir l'homme et l'argent. Ruthven déclara que s'ils le faisaient, l'argent serait gaspillé et plaida auprès du roi pour qu'il se rende immédiatement sur place, qu'il soit "le premier voyant" et qu'il le récompense "à son honorable discrétion".

La bizarrerie de l'histoire et du comportement de Ruthven stupéfia James, qui répondit qu'il répondrait une fois les recherches terminées. Ruthven a spéculé que le type ferait du grabuge et découvrirait toute l'affaire, conduisant les richesses à être trafiquées. Il manquerait à Gowrie, mais Gowrie et les habitants de la ville seraient " à la prédication si James arrivait immédiatement ". James resta silencieux et suivit les chiens. Pourtant, il médita sur le récit, et il fut convoqué.

Ruthven et lui a promis de l'accompagner à Perth peu après la fin de la quête.

Dans cette section, James explique que, bien qu'il ne sache pas qu'un homme soit avec Ruthven, il a deux amis, dont l'un, Andrew Henderson, est maintenant envoyé à Gowrie, le chargeant de préparer le souper pour le roi. Ce n'est pas une preuve directe de James. Il n'était pas au courant et ne se souciait pas qu'un homme vivant soit arrivé avec Ruthven.

Ruthven reste constamment près du roi tout au long de la poursuite, le pressant de " hâter la fin de la chasse ". Le daim a été tué près des écuries, et Ruthven a refusé de laisser James attendre un deuxième cheval : envoyé à sa poursuite. Le roi ne s'attarde même pas à "fragiliser" le cerf, mais informe le duc de Lennox, Mar et d'autres qu'il se rend à Perth pour consulter Gowrie et qu'il sera de retour avant le coucher du soleil. Certains membres de la Cour se rendent à Falkland pour obtenir de nouveaux chevaux, tandis que d'autres suivent lentement avec des chevaux fatigués. Ils suivaient " sans être désirés par lui ", car le bruit courait que le roi était sur le point de saisir le dur maître d'Oliphant. Ruthven supplia James de ne pas envoyer Lennox et Mar, mais seulement trois ou quatre esclaves, ce à quoi le Roi répondit : "à moitié furieux."

James se méfiait de ce comportement inhabituel. Il avait connu Ruthven, qui était en lice pour le poste de Gentleman de la Chambre, ou Cubiculaire. Les soupçons du roi allaient jusqu'à dire qu'il se pouvait que le comte, son frère, l'ait traité si durement que le jeune gentleman, d'un esprit élevé, en avait pris un tel déplaisir qu'il s'était surpassé lui-même", d'où son comportement étrange, perturbé et mélancolique. Pendant qu'ils roulaient, James a consulté son téléphone.

Lennox, dont la première femme était la soeur de Gowrie. Lennox n'avait jamais rien vu de tel que l'instabilité mentale chez le jeune Ruthven. Pourtant, James ordonne au duc de "l'accompagner dans cette demeure" (chambre), où se trouvent l'argent et son porteur. Lennox pense que l'histoire de l'or est "peu probable". Ruthven, qui les observe en train de converser, conseille à James d'être discret et de n'emmener personne avec lui pour l'examen initial des richesses. En conséquence, le roi continua sa route "entre confiance et méfiance". Ruthven a envoyé son deuxième ami, Andrew Ruthven, à Gowrie, à environ deux miles de Perth. Ruthven a galopé devant le reste du groupe lorsqu'ils étaient à moins d'un kilomètre de Perth. Gowrie était en train de dîner, ayant ignoré les deux messagers précédents.

Gowrie a rencontré James " vers la fin de l'Inch ", avec cinquante ou soixante hommes ; l'entourage royal comptait alors quinze personnes, avec des épées uniquement, et pas de poignards ou de " whingers ". Le dîner ne se matérialise pas avant une heure (disons 14 heures). James a chuchoté à Ruthven qu'il avait besoin de voir les richesses tout de suite ; Ruthven lui a conseillé d'attendre et de ne pas attirer les soupçons de Gowrie en chuchotant ('rounding'). En conséquence, James concentra sa conversation sur Gowrie, ne recevant de lui que des 'demi-mots et de pauvres phrases'. À l'heure du dîner, Gowrie se tenait pensif à côté de la table du roi, parlant fréquemment aux domestiques, "et entrant et sortant souvent", comme il le faisait avant le dîner. La suite attendit, comme le veut la coutume, jusqu'à ce que James soit prêt à manger lorsque Gowrie les conduisit à leur table séparée dans le hall ; " il ne s'assit pas avec eux comme le veut la coutume ", mais resta tranquillement près du roi, qui le taquinait " d'une manière familière ".

Après être resté assis trop longtemps, Ruthven murmura à James qu'il avait envie de se libérer de lui.

Comme Ruthven l'avait demandé, James envoya Gowrie dans le hall pour présenter une sorte de coupe de grâce à la suite, comme le voulait la coutume. James s'est ensuite levé pour rejoindre Ruthven, demandant à Sir Thomas Erskine de l'accompagner. Ruthven a insisté pour que James "ordonne ouvertement" que personne ne suive à la fois, promettant "qu'il ferait suivre une ou deux personnes qu'il aimerait appeler".

Le roi se rendit ensuite seul avec Ruthven au bout du hall, monta un escalier et passa devant trois ou quatre appartements, Ruthven "fermant derrière lui toutes les portes au fur et à mesure qu'il avançait", anticipant des assistants qui n'arrivèrent jamais puisque Ruthven ne les demanda jamais. Nous ne savons pas si James a vu les portes se fermer ou s'il l'a déduit de la révélation ultérieure qu'une porte était fermée. Ensuite, Ruthven a présenté un sourire plus joyeux qu'il ne l'avait fait de toute la journée, déclarant toujours qu'il l'avait gardé de manière sûre et suffisamment sécurisée. Enfin, ils sont arrivés à "un minuscule bureau" (une pièce de la tourelle), où James a découvert "non pas un esclave, mais un homme libre, avec une dague à la taille et un visage très abaissé". Ruthven ferme la porte de la tourelle, tire le poignard de l'homme et le pointe sur la poitrine du roi, " avouant maintenant que le roi souhaitait être dans son testament et utilisé comme liste ", menaçant de mort si James criait ou ouvrait la fenêtre. Il rappelle également au roi la perte de son père, feu Gowrie (exécuté pour trahison en 1584). Au bout d'un moment, l'autre homme "tremble et s'agite". James se lança dans une longue diatribe sur divers sujets, jurant pardon et tranquillité à condition que Ruthven le laisse partir immédiatement. Ruthven a alors révélé la vérité et a assuré à James que sa vie serait en sécurité s'il gardait le silence ; le reste, Gowrie l'expliquerait. Puis, ordonnant à l'autre gars de garder le Roi, il est parti en fermant la porte derrière lui. Il avait fait promettre à James de ne pas ouvrir la fenêtre. Pendant sa courte absence, James a appris du gars armé qu'il venait d'être enfermé dans la tourelle pour des raisons qu'il ne comprenait pas. James lui a dit d'ouvrir la fenêtre avec sa "main droite". Le gars a fait ce qu'on lui a dit.

La narration du Roi revient ici sur un sujet hors de sa perception (les événements qui se sont produits en bas pendant son absence). De nombreux aristocrates et gentilshommes ont prêté serment pour corroborer son histoire. Il prétend (et nous répétons ce que nous avons dit précédemment) que, pendant son absence, alors que son train se levait après le souper, un des serviteurs du comte, Cranstoun, est entré rapidement, disant au comte que le roi était monté sur un cheval, et "traversait l'Inch" (île) de Perth. Le comte informe la noblesse, et tous se rendent à la porte. Le portier les rassure en leur disant que le Roi n'a pas quitté le palais. Gowrie dit un mensonge au portier mais se tourne ensuite vers Lennox et Mar et affirme qu'il obtiendra d'autres informations. Il traverse alors la cour en courant et monte à l'étage, revenant précipitamment avec la nouvelle que "le Roi est parti, il y a longtemps, par la porte de derrière, et qu'il ne sera pas rattrapé s'ils ne se hâtent pas".

En se rendant aux écuries pour leurs chevaux, les aristocrates devaient passer par la fenêtre de la tour au premier niveau, où James était emprisonné. Ruthven était revenu à ce moment-là, "jetant ses mains en l'air de manière frénétique comme un homme perdu". Il cherche alors à lier les mains royales avec sa jarretière, déclarant qu'il n'y a aucun remède et que le roi doit mourir. Pendant la bataille, James a traîné Ruthven vers la fenêtre précédemment ouverte. Alors que les compagnons du roi, dont Gowrie, attendaient dans la rue en contrebas, James a crié à l'aide, " en tendant le côté droit de sa tête et son coude droit ". Gowrie est resté " toujours à se demander ce que cela signifiait ", mais comme nous l'avons vu, Lennox, Mar et d'autres se sont précipités dans l'escalier principal pour localiser le roi.

Pendant ce temps, James forçait Ruthven à sortir de la tour, "la tête du dit M. Alexander sous ses bras, et lui-même à genoux", vers la porte de la pièce qui menait à l'escalier sombre. L'autre gentilhomme ne fait rien d'autre que de se tenir derrière le dos du Roi et de trembler pendant tout ce temps", James tentait de s'emparer de l'épée de Ruthven et de la tirer. Un jeune homme de la maison royale, John Ramsay, est arrivé de l'escalier arrière sombre à ce moment-là et a frappé Ruthven avec son couteau. L'autre gars s'est retiré. James a alors forcé Ruthven à descendre les marches arrière, où il a été tué par Sir Thomas Erskine et le Dr Herries, qui s'approchaient de cette direction. La suite de l'histoire commence avec la mort de Gowrie. Le retour de James à Falkland est retardé de deux ou trois heures en raison d'une émeute parmi les habitants de la ville.

Ceci est la version publiée de l'histoire du roi. Elle correspond étroitement à la lettre envoyée à Cecil par Nicholson, l'agent anglais, le 6 août.

Le 5 août, James avait sa version, dont il ne s'est jamais écarté, prête. Une seule conclusion peut être tirée de son histoire. Gowrie et son frère avaient tenté de faire venir James chez eux alors qu'il était pratiquement sans surveillance. Ils avaient un homme armé sur la tourelle qui aiderait le Maître à attraper le Roi. Le stratagème a été déjoué lorsque James a été bien surveillé, l'homme armé est devenu lâche, et Gowrie a faussement déclaré le départ du Roi pour que son entourage le suive jusqu'à Falkland et laisse ainsi le Roi aux mains de ses ravisseurs. La conspiration ne pouvait pas être abandonnée après avoir été planifiée puisque les comploteurs n'avaient pas de prisonnier avec une somme d'argent à livrer. Leur intention de trahison aurait donc été évidente.

L'histoire de James tient-elle la route ? Lors du procès post-mortem des Ruthven en novembre, des témoins tels que Lennox attestent d'une conversation d'un quart d'heure avec Ruthven à Falkland avant la chasse. L'arrivée précoce d'Andrew Henderson à la résidence de Gowrie, à dix heures et demie, est attestée par deux messieurs appelés Hay et un appelé Moncrieff, qui étaient alors avec Gowrie pour des affaires, auxquelles il a immédiatement refusé de s'occuper davantage, dans le cas des Hays. Un manuscrit vindicatif des Ruthvens soutient encore plus la présence de Henderson à Falkland libéré à ce moment-là. Aucun des membres du parti du roi ne l'a vu, et le fait qu'ils ne témoignent pas qu'ils l'ont vu démontre leur honnêteté. Ainsi, Gowrie n'a pas organisé de souper pour le Roi, malgré l'arrivée précoce de Henderson avec la nouvelle de sa visite imminente, ce qui démontre que Gowrie avait l'intention de paraître surpris. Encore une fois, le voyage d'Henderson la nuit du 5 août démontre qu'il était impliqué : pourquoi autrement un type voyagerait-il alors qu'il n'a été vu par personne (sauf un témoin de Perth qui s'est rétracté) en rapport avec les terribles événements ? À l'exception de quelques serviteurs de Gowrie qui ont participé activement au conflit, personne d'autre ne s'est échappé.

Le fait que Ruthven ait été impliqué dans un conflit concernant la propriété des terres de l'église de Scone, que Gowrie possédait et que Ruthven convoitait, explique l'idée de James selon laquelle Ruthven était fou à cause du traitement brutal que lui infligeait son frère Gowrie. Ceci est légèrement référencé dans un document actuel. [13] Encore une fois, Lennox a témoigné sous serment que James lui a raconté l'histoire de l'appât, le pot d'or, alors qu'ils chevauchaient vers Perth. Lennox était un homme honorable qui avait épousé la sœur de Gowrie.

Sur le chemin du retour vers la maison de Gowrie, Ruthven informa un serviteur, Craigingelt, qu'il était parti faire une course non loin de là, et expliqua l'apparition du roi en prétendant qu'il avait été " amené " par le sellier royal pour recouvrer le paiement d'une dette envers lui. Cependant, maintenant que James a accordé à Gowrie une année de protection contre les poursuites des créanciers, il n'y a aucune preuve de la présence du sellier. Ruthven avait menti à Craigingelt ; il était à Falkland, et non pas "sur une course non loin de là".

Cranstoun, l'homme de Gowrie, a confirmé avoir apporté la nouvelle, ou la rumeur, du départ du roi. Sous serment, Lennox, Lindores, Ray (un magistrat de Perth), le portier lui-même et d'autres personnes ont établi que Gowrie était entré dans la maison pour vérifier la vérité ; il a insisté sur le fait qu'elle était réelle ; il a dit le mensonge au portier, qui l'a nié ; et il a cherché à ce que la compagnie du roi prenne un cheval et suive.

Le fait que le Roi ait été piégé derrière une porte qui ne pouvait être ouverte est indéniable.

Tous ces faits sont indéniables. Cependant, ils ont été remis en question lorsque Henderson, facteur ou intendant de Gowrie et conseiller municipal de Perth, est sorti de sa cachette entre le 11 et le 20 août, a raconté son histoire et a admis être l'homme sur la tourelle. Dans la nuit du 4 août, il dit que Gowrie lui a ordonné de se rendre à Falkland avec le maître de Ruthven et de revenir avec tout message que

Ruthven pourrait transmettre. Lorsque les Hays et Moncrieff l'ont repéré, il est reparti en disant que le Roi était en route. Une heure plus tard, Gowrie lui dit de revêtir une chemise de maille et des manches de plaque car il allait arrêter un Highlander dans le Shoe-gait. Plus tard, lorsque le roi est arrivé, Henderson a été envoyé à Ruthven dans la galerie et a reçu l'ordre d'exécuter tout ce qui était demandé. Ruthven l'a ensuite enfermé dans la tourelle sans lui expliquer pourquoi. Le roi a finalement été emmené à l'intérieur de la tourelle, et Henderson prétend que, dans une certaine mesure, il a calmé la fureur de Ruthven. Pendant le combat entre Ramsay et Ruthven, il se glissa en bas, rentra chez lui et s'échappa cette nuit-là.

La présence de Henderson à Falkland n'est pas du tout contestée. Personne n'a attesté de sa présence, mais elle est reconnue par l'apologiste moderne, qui accuse le roi d'avoir organisé tout le complot contre les Ruthven. Bien que la cour soit pleine, personne n'a vu Henderson s'éclipser de la cage d'escalier étroite. Cependant, un certain Robertson, notaire à Perth, a témoigné (23 septembre) qu'il a vu Henderson se glisser hors du minuscule escalier et marcher sur le cadavre du Maître ; Robertson l'a appelé, mais il n'a pas répondu. Si Robertson a menti le 23 septembre, il a retiré, ou plutôt retenu, son témoignage lors du procès de novembre. S'il s'en était tenu à sa déclaration antérieure, sa vie n'aurait pas valu la peine d'être vécue à Perth, où la population soutenait les Ruthven. En l'absence de témoin supplémentaire, plusieurs histoires se sont répandues sur le départ de Henderson de

Perth dans la journée, ainsi que sur sa présence dans la cuisine pendant la crise. Il fut vu pour la dernière fois à la maison juste avant le souper du roi, et selon sa version, le maître l'enferma dans la tour. Le récit initial de Robertson était très probablement exact. D'autres témoins ont nié avoir vu les serviteurs de Gowrie, qui étaient sans aucun doute présents lors des bagarres dans les quadrilatères pour protéger leurs voisins. Henderson n'a jamais expliqué pourquoi il a détalé si vite s'il n'était pas le type de la tourelle. Par conséquent, je crois que son récit est en grande partie authentique puisqu'il était à Falkland et est rentré tôt.

Compte tenu de tout cela, seule l'une des deux hypothèses suivantes est viable. L'incident n'est pas le fruit du hasard ; James n'a pas paniqué et crié "Trahison !" par la fenêtre juste parce qu'il s'est retrouvé seul dans une tourelle - et pourquoi dans une tourelle éloignée - avec le Maître. La porte fermée de la galerie est une réponse efficace à un tel argument. Quelqu'un l'a fait verrouiller pour une raison quelconque. En conséquence, soit les Ruthven ont conspiré contre le Roi, soit le Roi a conspiré contre les Ruthven. Comme nous le verrons, les deux parties avaient de bonnes raisons de se détester - c'est-à-dire que Gowrie et James avaient des raisons de se disputer ; mais avec le jeune Maître, dont le Roi défendait la cause, en ce qui concerne les terres de Scone, il n'avait aucune raison d'être en colère. Comment James a-t-il géré sa fascination s'il était coupable ?

Imaginons que le Roi prépare son plan avec des raisons de

mépriser Gowrie. Il choisit un jour où il sait que les Murray de Tullibardine seront à Perth pour l'un des mariages du clan. Ils protégeront le Roi contre les habitants de la ville, qui sont des clients de leur prévôt, Gowrie.

James invite alors Ruthven à Falkland (comme l'a affirmé la défense de Ruthven) : il arrive à l'heure inhabituellement matinale de 6h30. Cependant, James a déjà concocté le récit du pot d'or à dire à Lennox comme preuve que Ruthven l'amène à Perth - qu'il n'a pas invité Ruthven.

Ensuite, en diffusant discrètement la rumeur qu'il a l'intention de s'emparer du maître d'Oliphant, James obtient un important train de serviteurs, disons vingt-cinq hommes sans armes, tout en évitant la suspicion qui serait soulevée s'il leur ordonnait de le suivre. Enfin, James a décidé de sacrifier Ruthven (avec qui il n'a aucune dent) uniquement comme appât pour attirer Gowrie dans un piège.

Ayant trompé Lennox pour qu'il rejoigne Ruthven seul dans le manoir de Gowrie, James se prépare secrètement à ce que Ruthven demande discrètement à lui ou à Erskine de le suivre à l'étage, dans l'intention de provoquer Ruthven dans une attitude de trahison juste au moment où ils entrent en scène. Il prédit que Lennox, Erskine ou les deux poignarderont Ruthven sans hésitation et que Gowrie courra en avant pour venger son frère et sera massacré.

Le plan bien conçu de Sa Majesté s'effondre en surface lorsque Ruthven ne convoque ni Lennox ni Erskine pour des raisons bien connues de lui. Constatant cette situation, James remodèle rapidement et efficacement sa stratégie. Il ne commence à provoquer la bagarre que lorsque, pour une raison ou une autre, il se trouve dans la tourelle et entend son train converser à l'extérieur, dans la rue. Il avait prévu leur apparition en chargeant un de ses serviteurs de propager la fausse nouvelle de son départ, que Cranstoun avait innocemment apportée. Pourquoi le Roi a-t-il fait cela, étant donné que son plan initial n'avait pas besoin d'une telle ruse ? Il avait également convaincu Gowrie de croire le récit malgré le rejet de sa faisabilité par le portier et de s'y tenir sans faire d'effort significatif pour confirmer sa véracité. Faire faire cela à Gowrie au lieu d'inspecter soigneusement la maison est sans doute l'exploit le plus spectaculaire et le plus inexpliqué du Roi.

En conséquence, le roi a deux cordes à son arc malicieux. La première était que Ruthven irait chercher Erskine et Lennox sur ses instructions, et qu'à leur arrivée, James pousserait Ruthven à une attitude de trahison, après quoi Lennox et Erskine le tueraient. Si cette stratégie échouait (ce qui fut le cas puisque Ruthven ne respectait pas les instructions), la deuxième stratégie consistait à inciter Gowrie à amener la suite sous la fenêtre de la tour, où le roi pourrait ouvrir la fenêtre et crier "Trahison !" dès qu'il entendrait leurs voix et leurs pas en bas. Cette stratégie est couronnée de succès. James hurle à travers la fenêtre. Il avait en quelque sorte fermé l'entrée menant à la galerie tout en donnant à Ramsay le signal d'attendre à l'extérieur de la maison, à portée de voix, et de monter par l'escalier arrière construit dans une tour visible.

Le reste est simple. Gowrie est libre d'amener autant d'hommes qu'il le souhaite. Pourtant, Ramsay a reçu l'ordre de l'horrifier en prétendant que le Roi a été tué (c'est ce qui a été prétendu), puis de l'écraser dès qu'il cède du terrain ou qu'il baisse ses armes ; ceci après une forme de résistance décente au cours de laquelle trois des quatre hommes du Roi sont blessés.

Maître du cœur humain ", comme Lord Bateman, James comprend que Ruthven ne va pas l'abandonner lorsqu'il est provoqué par une insulte et que Gowrie ne va pas rester dans la rue et appeler les habitants lorsqu'il apprend la mort de son frère.

Pour obtenir un témoin de la réalité de son récit frauduleux des événements, James doit avoir commencé par persuader ingénieusement Henderson, l'intendant de Gowrie, soit de fuir et de revenir plus tard avec des preuves, soit d'être présent dans la tourelle et de fuir. Peut-être que le roi n'a raconté son histoire d'homme dans la tourelle qu'"en l'air" et que Henderson, effrayé, y a vu de l'argent plus tard et est revenu avec une série de mensonges. Aristote dit que " la chance aime l'art ", et la chance peut facilement favoriser un artiste aussi compétent et moral que Sa Majesté. Certes, M. Hill Burton affirme que "l'hypothèse selon laquelle toute l'affaire était un plan de la Cour pour déstabiliser la puissante Maison de Gowrie doit être écartée immédiatement, après un examen calme des faits, comme étant en dehors du domaine des conclusions logiques". Ceux qui l'ont formée devaient mettre l'un des tout derniers hommes au monde à accepter un tel sort dans la position d'un homme désarmé qui, sans aucune préparation, devait se rendre aux mains de ses adversaires armés et provoquer une succession de surprises et d'actes de violence, qu'il dirigerait selon un plan déterminé et préconçu par son courage et son habileté".

Sans stratégie, Jacques avait l'intention de déclencher une querelle et "d'y aller à l'aveuglette s'il y avait une conspiration royale". Cela va toutefois bien au-delà de la témérité habituelle et amoureuse du roi. Nous devons privilégier la notion d'un plan finement coordonné et bien exécuté, construit avec des alternatives de sorte que si un fil se casse, un autre tiendra bon. Cette stratégie a été décrite au mieux de mes capacités. Pour utiliser une expression ironique, tout de cette notion est totalement incroyable. James n'était pas le genre d'individu follement audacieux qui irait sans arme avec Ruthven, qui portait une épée et le provoquerait jusqu'à l'arrogance. Même s'il avait été audacieux, le plan est d'une telle complexité qu'aucun homme sain d'esprit, et encore moins un type craintif, ne pourrait concocter et exécuter un plan qui est à la merci de nombreuses variables imprévisibles. Supposons que le Maître soit mort, et que Gowrie soit un homme libre dans la rue. Il lui suffit de sonner le tocsin, de rassembler ses habitants dévoués, d'encercler la maison et de demander gentiment des réponses.

Prenez, par exemple, l'hypothèse de la culpabilité de Gowrie. Les motivations de la mauvaise intention de l'un ou l'autre camp peuvent être simplement exposées ci-dessous. Les Ruthven étaient les adversaires de la Couronne depuis l'assassinat de Riccio (1566). Le grand-père et le père de Gowrie étaient les chefs de file de l'assaut contre Mary et Riccio ; le père de Gowrie a humilié la reine Mary par des tentatives romantiques lorsqu'il était emprisonné au château de Loch Leven, affirme-t-elle. En 1582, le père de Gowrie a enlevé James et l'a emprisonné dans des conditions déplorables. Il s'échappa et retrouva son geôlier, qui complota à nouveau et fut exécuté en 1584, tandis que les terres des Ruthven étaient confisquées. Les Ruthven furent restaurés par une nouvelle révolution (1585-1586). En juillet 1593, la mère de Gowrie, par une astucieuse embuscade, permit au comte de Bothwell d'enlever une nouvelle fois le roi. Notre Gowrie, étant jeune, rejoignit Bothwell en rébellion ouverte en 1594. Il fut gracié et voyagea à l'étranger en août 1594, allant jusqu'à Rome, étudiant à Padoue, et retournant en Angleterre en mars 1600, appelé par le parti Kirk. Elizabeth le chouchoute ici, et il est alors en termes pratiquement guerriers avec James. Pendant trente ans, Elizabeth avait soutenu toutes les trahisons des Ruthven, et Cecil avait aidé et encouragé plusieurs tentatives pour s'emparer de James. En avril 1600 encore, ces complots étaient nombreux. Le but était toujours d'établir la suprématie de la Kirk sur le roi, et Gowrie, en tant que chef noble naturel de la Kirk, fut convoqué en Écosse en 1600 par le révérend M. Bruce, le chef des prédicateurs politiques que James avait contrôlés en 1596-97. À son arrivée, Gowrie prend immédiatement le commandement de l'opposition et s'oppose avec succès à la demande de fournitures du roi, rendue nécessaire par ses liens inamicaux avec l'Angleterre, le 21 juin 1600. Gowrie quitte ensuite la Cour et part chasser à Atholl vers le 20 juillet, laissant sa mère (qui avait auparavant attiré James dans un piège) à son domicile de Perth. Le 1er août, Gowrie informe sa mère de son retour imminent à la maison. Elle se rendit au fief familial de Dirleton, entre North Berwick et la mer, tandis que Gowrie arriva à son domicile de Perth le 3 août, étant entendu qu'il se rendrait à Dirleton le 5 août. Il y avait envoyé la majorité de ses soldats et de ses provisions. Nous savons qu'il s'est embarqué dans une plus longue aventure le 5 août.

Nous avons établi que l'histoire de James est fantastique. Mis à part le caractère général des événements et le comportement particulier de lui-même et de son frère, rien ne permet d'étayer une conspiration de Gowrie. Mais, s'il a comploté, il ne faisait qu'appliquer la stratégie habituelle de ses grands-parents, de son père, de sa mère et de son camarade, Bothwell, qui était à l'époque en exil en Espagne, mûrissant une conspiration dans laquelle il revendiquait Gowrie comme l'un de ses confédérés. Gowrie ne pouvait espérer soulever les barons mécontents ou émanciper les prédicateurs qui l'avaient appelé chez lui alors que le roi était encore un homme libre. Il devait plutôt permettre au Roi de fuir, et le parti de Kirk, le côté anglais, l'emporterait.

L'implication est que le roi devait disparaître, et Gowrie a accepté de le faire. M. Cowper, ministre de Perth, et M. Rhynd, ancien professeur de Gowrie, ont témoigné qu'il avait l'habitude de parler de la nécessité d'une dissimulation absolue "dans l'accomplissement d'un objectif noble et périlleux". Un objectif tel que la capture du roi par un assaut surprise était habituel dans la politique écossaise. Les archives de Cecil de cette époque et des suivantes sont remplies de propositions similaires présentées par des explorateurs écossais. Il n'est donc pas surprenant que deux hommes aussi jeunes que les Ruthven aient conçu un projet aussi passionné et risqué.

Son intention initiale doit évaluer le stratagème : attirer Jacques à Perth à une heure matinale de la journée avec seulement deux ou trois serviteurs. Si le roi s'était rendu à Gowrie House de bonne heure et avec peu de personnel, il aurait pu être emmené à travers Fife, déguisé, dans le cortège de Gowrie qui se rendait à Dirleton. De là, il aurait pu être transporté par mer jusqu'à Fastcastle, l'impénétrable eyrie du vieil ami de Gowrie et de Bothwell, Logan de Restalrig. J'ai prouvé, en comparant les écritures, que les fameuses lettres considérées par Scott, Tytler et Hill-Burton comme des preuves de cette conspiration étaient toutes fausses. Pourtant, l'une d'entre elles, présentée par le faussaire comme son modèle pour les autres, est, je crois, une fausse copie d'un véritable original. Dans cette lettre (à Gowrie), Logan est persuadé de comparer leur stratégie à celle conçue contre un "noble de Padoue", où Gowrie avait étudié. Ce commentaire, dans un post-scriptum, ne peut pas avoir été inventé par le faussaire, Sprot, un avocat de bas pays, et la création de Logan. Les autres lettres ne sont que des variations sur la mélodie établie par cette composition.

Un tel projet n'est pas réalisable, contrairement à l'incroyable conspiration revendiquée par James. Le concept n'était qu'un parmi plusieurs autres du même genre qui étaient continuellement inventés à l'époque. Le scénario le plus improbable est que Ruthven ait laissé Henderson, comme il l'a dit, sur la tourelle sans le former à son rôle. Le parti du roi ne pensait pas que Henderson disait la vérité ; il avait accepté le rôle mais était devenu lâche, disaient-ils. Cela est d'autant plus plausible qu'en décembre 1600, un certain Robert Oliphant, serviteur de Gowrie, s'est échappé d'Édimbourg, où certains aveux qu'il avait faits avaient attiré l'attention du public. Il avait prétendu que Gowrie l'avait persuadé de jouer le rôle de l'homme armé dans la tourelle à Paris au début de l'année 1600 ; qu'il l'en avait " dissuadé avec de bonnes raisons ; que le comte l'avait ensuite quitté et avait négocié avec Henderson à ce sujet ; que Henderson avait tenté de le faire et s'était évanoui ", c'est-à-dire qu'il était devenu lâche. Bien que le Conseil privé ait acquitté Oliphant de la dissimulation de trahison neuf ans plus tard en Angleterre, s'il n'avait pas quitté Édimbourg en décembre 1600, toute l'affaire aurait pu être révélée puisque des témoins étaient alors disponibles.

Nous concluons que, parce qu'il y avait indubitablement un complot de Ruthven, et parce que le roi n'aurait pas pu inventer et réaliser l'affaire, et parce que Gowrie, le chef du parti Kirk, était jeune, romantique et "italianisant", il a planifié un dispositif du type régulier et habituel, mais a été frustré, et est tombé dans la fosse qu'il avait creusée. Pourtant, les presbytériens n'accepteront jamais que le jeune chef du parti Kirk ait tenté, et beaucoup plus régulièrement comploté, de faire ce que les chefs pieux avaient souvent fait, et beaucoup plus souvent comploté, avec la pleine permission de Cecil et d'Elizabeth. La conspiration était orthodoxe, mais les historiens de tendance presbytérienne et libérale supposent que le roi était le conspirateur. Les Ruthven ont été longtemps pleurés, et les femmes du Perthshire chantaient à leurs bébés : " Dors, dors, mon beau comte de Gowrie ", même au XIXe siècle.

Une femme m'a même écrit pour me dire qu'elle est une descendante du jeune Ruthven, qui a fui en Angleterre après avoir été poignardé par Ramsay et Erskine, s'est marié et a eu une famille. J'ai répondu en vain que le cadavre du jeune Ruthven avait été embaumé, montré au Parlement écossais, et découpé en morceaux, qui ont été mis sur des piques dans des lieux publics, et qu'il était peu probable qu'il se marie après ces épreuves. Néanmoins, la foi de la dame ne devait pas être ébranlée.

M. Edmund Gosse reconnaît Ramsay le tueur de Ruthven comme l'auteur d'un Century of English Sonnets (1619), dont

Lord Cobham détient un exemplaire individuel dans The Atheneum du 28 août 1902. Réné Giffart a publié le livre à Paris. Le nom écossais de Gifford était orthographié 'Giffart,'', ce qui indique que l'éditeur était d'origine écossaise.

LE MYSTÈRE DE CAMPDEN

La moyenne des énigmes historiques est au moins suffisamment évidente pour que l'une des deux réponses soit correcte, si seulement nous savions laquelle. Perkin Warbeck était soit le vrai roi, soit un imposteur. Giacomo Stuardo de Naples (1669) était le fils aîné de Charles II ou un charlatan. Mattioli ou Eustache Dauger était sans aucun doute l'homme au masque de fer. Gowrie a comploté contre Jacques VI, ou Jacques VI a comploté contre Gowrie, et ainsi de suite. Ces énigmes sont motivées par la logique et la nature humaine. Mais, à l'exception d'une idée, il n'y a aucune étincelle de raison ou de nature humaine rationnelle au cœur de l'énigme de Campden. Les événements semblent être aussi aléatoires que ceux d'un rêve agité. Toute cette affaire est sombre et mystérieuse, et nous devons donc laisser à Celui qui seul connaît toutes les choses le soin, en son temps, de l'exposer et de la mettre en lumière.

Selon l'auteur de "A True and Perfect Account of the Examination, Confession, Trial, and Execution of Joan Perry, and her two sons, John and Richard Perry, for the Supposed Murder of Will Harrison, Gent...", Being One of the most extraordinary Occurrences that has transpired in the Memory of Man", envoyé dans une lettre à Thomas Shirly, Doctor of Physick, à Londres (par Sir Thomas Overbury, de Burton, dans le comté de Gloucester, Knt. et l'un des juges de paix de sa Majesté). Aussi, le compte de M. Harrison", etc. (Londres : Imprimé pour John Atkinson dans la cour de l'église de St.

Paul, près de la salle du chapitre. Mais, malheureusement, il n'y a pas de date, bien que cela semble être 1676).

Tel est le titre large et haletant d'un traité qui, par une chance imméritée, a été publié.

J'ai de la chance, je viens de l'acheter. Sir Thomas Overbury, "la malheureuse victime de la méchante comtesse de Somerset" (qui a fait empoisonner l'aîné Overbury dans la Tour), était le juge de paix qui faisait office de juge d'instruction dans le cas de l'enlèvement de Harrison, selon M. John Paget.

Pour en venir au point de la narration. En 1660, William Harrison, Gent, était l'intendant ou "facteur" de la vicomtesse Campden à Chipping Campden, Gloucestershire, un village à une seule rue niché dans les collines de Cotswold. La dame ne résidait pas à Campden House, que son propriétaire avait incendiée pendant la Grande Rébellion pour contrarier les rebelles, tout comme son chef jacobite avait incendié le château Tirrim pendant le 15e siècle. Au lieu de cela, Harrison a vécu dans une section du bâtiment qui n'avait pas été détruite. Il avait été un serviteur des Hickese et des Campden pendant cinquante ans, avait soixante-dix ans (ce qui ajoute au mystère), était marié et avait des enfants, dont Edward, son fils aîné.

La maison de M. Harrison fut cambriolée à midi un jour de marché en 1659, alors que lui et toute sa famille étaient "à la conférence", à l'église, une méthode puritaine d'édification.

Une échelle avait été appuyée contre le mur, les barreaux d'une fenêtre du deuxième étage avaient été arrachés à l'aide d'un soc de charrue (qui avait été laissé dans la chambre), et 140 l. d'argent de Lady Campden avaient été dérobés. Le voleur n'a jamais été appréhendé, ce qui est inhabituel dans une communauté aussi petite et isolée. Cependant, les temps avaient changé, et un cavalier ou un soldat de la tête ronde en vadrouille pouvait avoir "cassé la crèche". Perry, le serviteur de Harrison, a été entendu en train de demander de l'aide dans le jardin quelques semaines plus tard. Il exhibait un pic à mouton à manche coupé", déclarant qu'il avait été attaqué par deux types en blanc avec des épées nues et qu'il s'était défendu avec son instrument primitif. Il est étrange que M. John Paget, un écrivain à l'esprit vif qui a été juge de police à Hammersmith pendant de nombreuses années, ne mentionne rien du casse de 1659 ou du comportement insensé de Perry dans le jardin. Les actions de Perry à cet endroit et sa création hystérique des deux hommes armés en blanc en disent long sur sa personnalité. Bien sûr, les deux hommes en blanc n'ont jamais été retrouvés, mais nous rencontrons ensuite trois individus non moins odieux et beaucoup plus étranges. Il s'agissait de trois hommes en bougran".

Quoi qu'il en soit, même les moins aventureux ont eu des expériences dans la paisible Campden. Elles atteignent leur apogée l'année suivante, le 16 août 1660. Harrison se lève tôt (?) et parcourt les deux miles qui le séparent de Charringworth pour aller chercher les locations de sa dame. Le jour d'automne approche, et entre huit et neuf heures, la vieille

Mme Harrison envoie son serviteur, John Perry, à la rencontre de son maître sur le chemin du retour. Dans la fenêtre de Harrison, les lumières étaient également laissées allumées. Cette nuit-là, ni le maître ni l'homme ne sont revenus. Il est curieux que le plus jeune des Harrison, Edward, n'ait cherché son père que très tôt le lendemain matin : il avait l'avantage d'une lune qui se levait tard pour les recherches nocturnes. Au matin, Edward aperçoit Perry, qui rentre seul : il n'a pas localisé son maître. Le couple se rend à Ebrington, un hameau à mi-chemin entre Campden et Charringworth, et découvre que Harrison s'est rendu à la résidence d'un certain Daniel la veille au soir, alors qu'il rentrait chez lui via Ebrington. L'heure n'est pas précisée, mais Harrison a disparu juste après Ebrington, à moins d'un mile de Campden. Ensuite, Edward et Perry ont appris qu'une pauvre dame avait trouvé un chapeau, une bague et un peigne appartenant à Harrison sur la route en dehors d'Ebrington, au milieu de quelques whins ou furze ; ils ont été découverts à environ un demi-mile de sa propre maison. La bande était ensanglantée, et le chapeau et le peigne avaient été tailladés et coupés. Veuillez prendre note des mots exacts de Sir Thomas Overbury, le juge qui a présidé les examens préliminaires : "Le chapeau et le peigne ont été tailladés et coupés, et la bande ensanglantée, mais rien de plus n'a pu être découvert. Par conséquent, le chapeau et le peigne n'étaient pas sur la tête de Harrison lorsqu'ils ont été tailladés et hachés ; sinon, ils auraient été tachés de sang ; la bande autour du cou était ensanglantée, mais il n'y avait aucune trace de sang sur la route. Ce paragraphe contient la solution de l'énigme.

Lorsque la nouvelle de la découverte de ces objets s'est répandue, tout le monde s'est précipité pour chercher le corps de Harrison, qu'ils n'ont pas localisé.

Il est peu probable qu'un homme âgé comme Harrison reste à Charringworth très tard, mais ce qui s'est passé sur la route semble s'être produit après la tombée de la nuit.

Les soupçons se sont portés sur John Perry, qui a été traîné devant le narrateur, Sir Thomas Overbury, J.P. Perry a déclaré que le soir précédent, vers 20h45, il s'était mis en route pour Charringworth afin de chercher son maître, et lui avait expliqué que parce qu'il avait peur dans le noir, il retournerait prendre le cheval d'Edward Harrison et reviendrait. Perry a tenu sa promesse et Reed l'a déposé "à la porte de la cour de M. Harrison". Perry s'y attarde jusqu'à ce qu'un certain Pierce passe par là, et avec Pierce (pour des raisons inconnues), " il se rendit à un coup d'arc dans les champs " et revint ainsi à la porte de Harrison. Il se reposa alors pendant une heure dans un poulailler, se réveilla à minuit et se remit en route vers Charringworth ; la lune s'était levée et avait apaisé ses inquiétudes. Cependant, il se perdit dans la brume, dormit sur le bord de la route, puis se rendit à Charringworth au matin, pour découvrir que Harrison s'y était rendu la veille. Puis il est revenu et a rencontré Edward Harrison, qui était en route pour retrouver son père à Charringworth.

Le récit de Perry semble avoir été livré par un idiot, mais Reed, Pierce et deux types de Charringworth l'ont vérifié au mieux. Perry avait certainement été en compagnie de Reed et

Pierce la nuit précédente, disons entre neuf et dix heures. Si quelque chose de mal était arrivé à Harrison, cela avait dû se produire avant dix heures du soir ; s'il était sobre, il ne serait pas resté aussi tard à Charringworth. Était-il toujours sobre ? Le comportement calme de sa femme et de son fils pendant son absence implique qu'il était un vieux garçon errant sur le tard. Ils auraient pu prévoir que Perry le trouverait dans ses boissons et le mettrait au lit à Charringworth ou à Ebrington.

Perry est gardé en prison ou, plus curieusement, à l'auberge jusqu'au 24 août. Il raconta de nombreuses histoires, comme celle d'un bricoleur ou d'un serviteur qui avait tué son maître et l'avait caché dans un haricot, où une fouille ne révéla aucun est inventus. Harrison, ainsi que les loyers qu'il avait perçus, s'estompa dans le bleu. Perry prétendait maintenant qu'il ne ferait que tout raconter à Overbury. Perry a dit que Harrison avait été tué par sa mère et son frère, Joan et Richard Perry ! Son frère avait pillé la maison l'année précédente avec les conseils et la connivence de John Perry, alors que John "avait un Halibi", étant à l'église. Selon John, l'argent a été enterré dans le jardin par le frère. Il a été recherché mais pas découvert. Il a déclaré que son histoire concernant les "deux gars en blanc" qui l'avaient agressé dans la cour était une fiction. Je dois souligner que ce n'était pas le mensonge d'un homme rationnel. Perry était fou.

Il continue avec ses histoires. Sa mère et son frère, dit-il, avaient souvent demandé qu'il les informe lorsque son employeur allait chercher le loyer. C'est ce qu'il avait fait après le départ de Harrison pour Charringworth le 16 août. Ensuite, John Perry a décrit son voyage avec son frère le soir du jour fatidique. Cette déclaration contredit à la fois le récit antérieur de ses actions et le témoignage légitime de Reed et Pierce. Leur version véridique a écrasé le dernier mensonge de Perry. Ensuite, il a dit que lui et Richard Perry avaient suivi Harrison dans le domaine de Lady Campden quand il est rentré chez lui la nuit ; Harrison avait utilisé une clé pour la porte privée. Richard l'a suivi dans le domaine ; après une petite promenade, John Perry l'a rejoint et a découvert sa mère (comment est-elle arrivée là ?) et Richard debout sur le prone Harrison, que Richard a incontinent assassiné. Ils ont pris l'argent de Harrison et ont prévu de l'enterrer "dans le vaste évier de Wallington's Mill". John Perry les avait abandonnés et n'avait aucune idée si le cadavre avait été mis dans l'évier. En vérité, ni l'évier ni le bean-rick n'ont été inventés. John a ensuite décrit sa rencontre avec Pierce mais a complètement oublié sa rencontre avec Reed et n'a pas rendu compte de cet aspect de son récit initial, que Reed et Pierce avaient tous deux soutenu. Le chapeau, le peigne et la bande que John a dit avoir transporté loin du cadavre de Harrison, coupé avec son couteau et jeté sur la chaussée. Il n'a pas révélé d'où provenait le sang sur la bande.

Joan et Richard Perry sont arrêtés et traînés devant Overbury sur la base de cet incompréhensible fatras de mensonges fous. On fouille en vain l'évier, les viviers de Campden et les ruines de la maison pour trouver les restes de Harrison. Le 25 août, Overbury interroge les trois Perry, et

Richard et la mère nient tout ce dont John les accuse. John a persisté dans son récit, et Richard a confirmé que lui et John avaient parlé le matin de la disparition de Harrison, "mais rien ne s'est passé entre eux dans ce but".

Un événement tragique se produit alors que les trois hommes sont transportés de la résidence d'Overbury à Campden. Richard, qui était loin derrière John, a glissé "une boule d'encre de sa poche". Quand un de ses gardes l'a relevé, Richard a expliqué que c'était "seulement la dentelle de sa femme". Cependant, il y avait un noeud coulant à une extrémité. Le trouveur le tendit à Jean, qui n'avait pas vu son frère le laisser tomber puisqu'il était si loin devant. Lorsqu'on lui montra le fil, Jean secoua la tête et remarqua : "A sa grande tristesse, il le reconnut, car c'était la corde avec laquelle son frère avait étranglé son maître." Lors du procès suivant, Jean a juré en réponse à cet événement.

En septembre, les Assises ont eu lieu, et les Perry ont été inculpés à la fois pour le vol de 1659 et le meurtre de 1660. Ils ont plaidé "coupable" à la première accusation, comme quelqu'un à la cour leur a conseillé de le faire puisque le délit était couvert par l'acte de pardon et d'oubli de Charles II, qui a été promulgué pendant sa restauration positive. S'ils étaient innocents du vol, comme ils l'étaient très probablement, ils ont commis une erreur en plaidant coupable. Nous n'avons entendu parler d'aucune preuve contre eux pour le vol, sauf la confession de John, qui était peut-être une preuve contre John mais pas contre eux. Ils ont nui à leur cause car, s'ils étaient effectivement responsables du vol à la résidence de Harrison, ils étaient les individus les plus susceptibles dans le voisinage de le voler à nouveau et de le tuer. Ils ont très probablement utilisé l'excellente indemnisation du roi pour se passer la corde au cou. Ils finirent par se rétracter et furent très probablement innocents du crime commis en 1659.

Ils n'ont pas été jugés en septembre sur l'accusation de meurtre. Sir Christopher Turner a refusé de poursuivre "parce que le cadavre de Harrison n'avait pas été retrouvé". Il n'y avait pas de corpus delicti, aucune preuve que Harrison était mort. Pendant ce temps, John Perry déclare, comme pour souligner sa folie, que sa mère et son frère ont tenté de l'empoisonner en prison ! Sir B. Hyde, qui était moins légal que Sir Christopher Turner, a jugé les Perry pour meurtre aux Assises de printemps en 1661. Comment il a pu accomplir cela n'est pas clair puisque le récit du procès n'est pas dans le Record House, et je suis incapable de le localiser pour le moment. John Wesley a publié dans l'Arminian Magazine un récit sur un homme exécuté pour avoir tué un autre homme, qu'il a rencontré plus tard dans l'une des colonies espagnoles d'Amérique du Sud. Je n'interromprai pas l'histoire des Perry pour expliquer comment un homme pendu a rencontré un homme assassiné. Néanmoins, l'incident démontre que le fait d'infliger la peine de mort pour meurtre sans preuve de meurtre est inconstitutionnel et injuste. On s'attendait probablement à ce que Harrison, s'il était vivant, ait montré des signes de vie dans les neuf ou dix mois.

Les trois Perry ont plaidé "non coupable" lors du procès de printemps, les aveux de John étant utilisés contre lui. "Il leur a dit qu'il était alors en colère et qu'il ne savait pas ce qu'il disait", a-t-il affirmé. Il doit donc y avoir des preuves contre Richard. Il a dit que son frère avait impliqué d'autres personnes en plus de lui-même. Pressé de fournir des preuves, il a dit que "la plupart de ceux qui avaient témoigné contre lui le savaient", mais il n'a identifié aucun d'entre eux. Ainsi, des preuves avaient été présentées (peut-être à l'effet que Richard était chargé d'argent liquide), mais nous ne savons pas qui les a données ni quel effet elles ont eu.

Les Perry n'étaient probablement pas très connus. On disait de Joan, la mère, qu'elle était une sorcière. Cette allégation était rarement portée contre des personnes aisées. Les légendes et les comptes rendus de procès dans le Sadducismus Triumphatus de Glanvil révèlent à quel point la crainte des sorcières était grande à l'époque. Joan Perry, en tant que sorcière, avait toutes les chances d'être "sans crainte d'être pendue", selon ses voisins. Elle a été exécutée en premier, avec l'idée que sa mort éliminerait tout effet hypnotique ou autre effet maléfique qu'elle avait sur ses garçons, les empêchant ainsi de se confesser. Nous ne savons pas si la mort du suggestionneur élimine la suggestion post-hypnotique ; l'expérience n'a pas été menée. L'expérience de Jeanne a été un échec. Le pauvre Richard, qui fut exécuté ensuite, ne parvint pas à persuader John, "obstiné et maussade", de laver son nom par une déclaration sur son lit de mort. De telles déclarations étaient autrefois considérées comme des preuves irréfutables, du moins en Ecosse, sauf lorsque cela ne convenait pas aux presbytériens de croire le mourant (comme dans le cas de George Sprot, tué pour le complot de Gowrie). Lorsque John a été coupé, il a fait remarquer qu'il ne savait rien de la mort de son maître, ni de ce qu'il était devenu, mais qu'ils pourraient (peut-être) l'apprendre par la suite. John était-il au courant de quelque chose ? Je ne serais pas surpris s'il était au courant de la situation réelle de l'affaire.

Ils ont entendu, mais ce qu'ils ont entendu, et ce que je vais vous raconter, était complètement incroyable. Will Harrison, Gent, comme les trois brebis stupides dans la rime populaire, "viennent hirpling hame" après quelques années (probablement deux). Qu'était-il arrivé à l'aîné ? Il l'explique dans une lettre à Sir Thomas Overbury, mais son histoire est aussi peu plausible que celle de John Perry.

Il affirme avoir quitté son domicile dans l'après-midi (plutôt que le matin) le jeudi 16 août 1660. Il s'est rendu à Charringworth pour collecter les loyers, mais tous les locataires de Lady Campden étaient en train de récolter. Quand on y pense, le mois d'août semble être un mois inhabituel pour la collecte des loyers. Ils sont arrivés tard à la maison, ce qui a entraîné le retard de Harrison jusqu'à la fin de la soirée. Il n'a obtenu que 23 l., ce qui, selon John Perry, a été payé par un certain Edward Plaisterer lors de son premier examen en 1660, ce que Plasterer a confirmé. Harrison est ensuite rentré chez lui, très probablement dans l'obscurité, et vers Ebrington, où la route était étroite et entourée de quais, "j'ai rencontré un cavalier qui m'a demandé "Es-tu là ?"". Craignant d'être dépassé, Harrison donna un coup de poing sur le nez du cheval, et le cavalier le frappa et le poignarda au côté avec une épée. (Le chapeau coupé et le bandeau ensanglanté ont été découverts à cet endroit de la route, là où poussent les whins, mais un coup de couteau dans le côté ne rendrait pas un bandeau ensanglanté). Deux autres cavaliers sont arrivés ; l'un d'eux a tiré sur Harrison à la jambe. Ils n'ont pas enlevé son 23 l., mais l'ont plutôt mis derrière l'un d'eux à cheval, l'ont enchaîné et ont drapé une grande robe sur lui.

Est-il plausible que les bandits de grand chemin aient eu des menottes qui se fermaient avec un ressort et un bouton pression, comme le suggère Harrison ? Le récit est entièrement fictif, et il est de surcroît très mauvais. Supposons que l'enlèvement, plutôt que le vol, soit la motivation (ce qui expliquerait les menottes). Qu'est-ce qu'un mortel pourrait gagner en enlevant, dans l'intention de le vendre comme esclave, un "monsieur" de soixante-dix ans ?

Ils ont pris l'argent de Harrison et "m'ont jeté dans un puits en pierre au milieu de la nuit". Au bout d'une heure, ils l'ont à nouveau sorti de là, et il a naturellement demandé ce qu'ils voulaient de lui, étant donné qu'ils avaient déjà son argent. L'un de ces voyous a de nouveau tiré sur Harrison et a placé une grosse somme d'argent dans ses poches. Que voulaient-ils de 23 l. s'ils avaient beaucoup d'argent ? Nous n'avons entendu parler d'aucun autre vol dans la région d'où l'argent aurait pu provenir. Et pourquoi Harrison doit-il porter l'argent

? (On a proposé que, pour gagner la faveur du public, ils se soient fait passer pour des contrebandiers, et que Harrison, avec l'argent, ait prétendu être leur vaillant commissaire de bord, blessé dans quelque aventure héroïque).

Ils ont voyagé jusqu'à tard le 17 août, quand ils ont déposé Harrison dans une chaumière isolée, saignant et fortement meurtri par le transport de l'argent'. Ils y ont servi à leur victime du bouillon et du brandy. Ils ont chevauché toute la journée du samedi jusqu'à une maison où ils ont séjourné, puis ont porté Harrison jusqu'à Deal et l'ont déposé le dimanche. Il était environ trois heures de l'après-midi. S'ils avaient voulu aller à la mer, ils seraient naturellement allés sur la rive ouest. Pendant qu'un type surveillait Harrison, deux autres ont rencontré un type, et "je les ai entendus dire sept livres". Comme Harrison l'a appris plus tard, le type qui a suggéré sept livres (Crenshaw l'a appris plus tard - où ?) a indiqué qu'il pensait que Harrison mourrait avant d'être placé sur un navire. Quel diable allait-il faire dans cette galère ? D'un autre côté, Harrison est envoyé à bord d'un navire occasionnel et y reste pendant six semaines.

Quel était l'emplacement de la terre vers laquelle le navire se dirigeait ?

Tout ce que les marins savent, c'est qu'ils sont loin devant !

Harrison ne dit pas où le navire est allé errer pendant six semaines mortelles dans "l'écume des mers dangereuses, au milieu de royaumes de fées solitaires". Lord Bateman, par exemple :

Il a navigué vers l'est et vers l'ouest.

Jusqu'à ce qu'il arrive dans la légendaire Turquie.

Où il a été appréhendé et emprisonné

Il a été usé jusqu'à la corde pour le reste de sa vie !

Le capitaine du navire est alors arrivé et m'a informé, ainsi que l'autre personne qui était dans la même situation, qu'il avait détecté trois navires turcs". On nous dit qu'un chargement complet de Harrison a été volé et emprisonné à bord d'un navire lâché en mer dans l'espoir que le capitaine tombe sur trois rovers turcs qui les enlèveraient. À ce rythme, il doit y avoir eu des disparitions inexpliquées comme celle de Harrison dans des dizaines de paroisses anglaises en août 1660. Si une équipe de kidnappeurs avait capturé des prisonniers pour des raisons fiscales personnelles, ils les auraient emmenés dans des plantations de Virginie, où les galères turques ne voyageaient pas, et ils n'auraient pas pris d'hommes de plus de soixante-dix ans. De plus, les ravisseurs n'auraient pas blessé leurs otages en leur plantant un couteau dans le côté et la cuisse s'ils ne résistaient pas, comme ce fut le cas pour Harrison.

Les autres, dans le même état, ont été " jetés " près de Smyrne, où le précieux Harrison a été vendu à un " médecin des tombes ".

Ce Turc était âgé de 87 ans et "aimait Crowland, dans le Lincolnshire, plus que toute autre région d'Angleterre". Malheureusement, il n'y a pas d'enquêtes enregistrées sur un professionnel de la santé turc ayant exercé à Crowland, dans le Lincolnshire, mais s'il l'a fait, il est probable qu'on se souvienne de lui dans la région. Harrison a utilisé ce Turc dans la salle des alambics et comme ouvrier dans les champs de coton, où il a une fois renversé son esclave avec son poing - pas mal pour un Turc de quatre-vingt-sept ans ! Il a également donné à Harrison (qui travaillait dans le département chimique de son entreprise) un "bol en argent, doublement doré, pour boire, et l'a surnommé Boll" - sa façon de prononcer bol - probablement parce qu'il avait acquis un accent du Lincolnshire.

Ce Turc tomba malade un jeudi et mourut le samedi suivant lorsque Harrison se rendit au port le plus proche, avec son bol. Deux marins d'un navire de Hambourg lui refusent le passage, mais un troisième accepte de le laisser monter à bord pour le prix de son bol en vermeil. Harrison est arrivé à Lisbonne sans même son bol lorsqu'il a rencontré un type de Wisbech, dans le Lincolnshire. Ce gentil samaritain a fourni à Harrison du vin, des eaux fortes, huit stivers et le transport jusqu'à Douvres, d'où il est retourné à Campden, à la surprise générale. Nous ne connaissons pas l'identité du navire ou du capitaine qui a transporté Harrison de Lisbonne à Douvres. La seule personne mentionnée dans cet enchevêtrement de folies est Crenshaw (le type dont les sept livres "ont été mentionnées").

Beaucoup contestent la réalité de la description que M. Harrison fait de lui-même et de sa déportation, pensant qu'il n'a jamais quitté l'Angleterre", écrit l'éditeur de notre brochure. Je ne suis pas surpris par leur scepticisme. On nous informe que Harrison avait " tous ses jours été un homme de vie et de discours sobres " et qu'il " a laissé derrière lui une somme importante de l'argent de sa dame dans sa maison ". La nuit de sa disparition, il n'a vu aucun des Perry. L'éditeur concède que Harrison, en tant que marchandise, ne valait pas le transport jusqu'à Deal, et encore moins Smyrne. Son fils a pris la relève en tant qu'intendant de Lady Campden en son absence, et il a agi de façon horrible dans ce rôle. Certains supposent que ce fils a planifié la capture de Harrison, mais si c'est le cas, pourquoi a-t-il obtenu que John Perry soit pendu, enchaîné, sur la colline de Broadway, "où il peut le voir tous les jours" ?

C'est peut-être un angle mort. Mais Harrison ne pouvait pas s'attendre à ce que John Perry l'aide en s'impliquant lui-même, son frère et sa mère, ce qui était la chose la plus inattendue du monde. Il ne se doutait pas que son père reviendrait de Charringworth dans l'obscurité, le 16 août 1660, et organiserait la venue de trois cavaliers armés d'un grand poids d'argent pour poignarder et enlever le patriarche vieillissant. Le jeune Harrison n'avait pas un gros fardel d'argent à leur offrir, et puisqu'ils étaient déjà si riches, qu'avaient-ils à gagner en transportant Harrison à Deal et en le plaçant à bord d'un navire occasionnel avec "d'autres personnes dans la même condition" ? Ils auraient pu le laisser dans la fosse aux pierres :' il n'avait aucune idée de qui ils étaient, et plus ils roulaient à la lumière du jour, avec un prisonnier sans chapeau, enchaîné et gravement blessé, les poches gonflées d'argent, plus le risque d'être découvert était grand. Un groupe de trois hommes traverse donc l'Angleterre à vélo en plein jour, du Gloucestershire à Deal. Derrière l'un d'eux se trouve une victime blessée, sans chapeau, enchaînée et aux poches débordantes. Personne ne se doute de rien, et personne n'avertit un juge de cette grande manœuvre ! C'est beaucoup trop grotesque !

Le récit de Harrison est manifestement et puérilement faux. Ces étranges cavaliers ont dû être confrontés à chaque point d'appât et auberge. Si Harrison disait la vérité, il aurait identifié le navire et le capitaine qui l'a transporté à Douvres.

Après avoir écarté le récit de Harrison, nous nous demandons ce qui a pu causer son absence. Le soir du 16 août, il s'est promené à moins d'un demi-mile de sa résidence. Il ne l'aurait pas fait s'il avait eu l'intention de vivre un amour sénile impliquant sa disparition de chez lui, et si telle était son intention, il se serait muni d'argent. Encore une fois, il est peu probable qu'une crise de "somnambulisme ambulatoire", avec formation d'un dédoublement de la personnalité et oubli de son vrai nom et de son adresse, l'ait frappé à ce moment et à cet endroit précis. Si cela s'était produit, il n'aurait pas pu se précipiter dans une foule et voyager discrètement à travers la campagne puisqu'il n'y avait pas de trains.

Là encore, la notion de somnambulisme ambulatoire ne permet pas d'expliquer son chapeau coupé et sa bande ensanglantée, découverts près des baleines sur la route au-delà d'Ebrington. Son récit ne les explique pas non plus. Il prétend avoir été poignardé sur le côté et dans la cuisse. Cela n'entraînerait pas l'amputation de son couvre-chef ou l'exsanguination de sa bande. En revanche, il laisserait des flaques et des traces de sang sur la route, surnommée "l'autoroute". Mais on n'a rien découvert de plus,' aucune flaque ou trace de sang sur la route. Par conséquent, le chapeau coupé et la bande ensanglantée étaient une fausse piste délibérée, non pas placée là par John Perry, comme il l'a faussement prétendu, mais par quelqu'un d'autre.

L'implication est que la présence de Harrison à Campden était gênante pour quelqu'un. Il avait traversé les moments les plus éprouvants et s'était retrouvé dans une nouvelle situation avec de nouveaux dirigeants. Il savait quelque chose de cette époque turbulente : il était un témoin qu'il fallait tenir à l'écart. Il a peut-être gardé un secret sur les affaires ou les intérêts privés d'un des régicides, puisqu'il était le fidèle serviteur d'une riche famille. Par conséquent, il a été emporté, laissant une piste presque probablement fausse - le chapeau coupé et la bande saignante. Par une étrange coïncidence, son domestique, John Perry, devint fou - il n'était pas rationnel - le jeudi 16 août, et s'impliqua lui-même, ainsi que son frère et sa mère. Pendant les deux ou trois années où Harrison a disparu, il n'a très probablement jamais été loin de Campden. Cela valait certainement la peine pour lui de revenir et de raconter son récit fou, ainsi que d'accepter la circonstance. Il n'y a pas d'explication alternative qui "heurte les faits". " Nous ne saurons jamais ce que Harrison savait ou pourquoi son absence était si importante. Mais il n'a jamais été un prisonnier dans le "fameux Turkee". Il est difficile de donner une motivation suffisante pour l'enlèvement de l'homme âgé... un profit considérable ne devait pas résulter de la vente de l'homme âgé comme esclave, dit M. Paget. Il n'y a pas eu de profit, d'autant plus que le vieillard a été livré dans un état dégradé et endommagé. Mais trouver une raison de tenir Harrison à l'écart est difficile puisque nous ne savons rien de la vie privée de ses voisins. Les têtes rondes parmi eux pouvaient avoir des motifs impérieux pour garder Harrison emprisonné jusqu'à ce que la vengeance de la Restauration soit exercée. Selon cette perspective, l'énigme cesse pratiquement d'être étrange puisque des auto-accusations aussi folles que celles de John Perry ne sont pas inhabituelles.

www.ingramcontent.com/pod-product-compliance
Lightning Source LLC
Chambersburg PA
CBHW071245020426
42333CB00015B/1637